AF366114

SVEGOT

Februari 2020

- Perspektiv från det fria Sverige

Svegot, Februari 2020

Tryckt i Storbritannien.

ISBN 978-91-984410-2-4

www.svegot.se
www.detfriasverige.se

SVEGOT

Februari 2020

Skribenter:

Jalle Horn
Magnus Söderman
Dan Eriksson
Daniel Frändelöv
Eva-Marie Olsson
Johan Svensson
Kristoffer Hugin
Ludvig Delin

Inledning

Kanske noterar du att denna utgåva är lite tunnare än vad Svegotboken brukar vara? Därtill funderar du antagligen över den tidskrift som också fanns med i kuvertet och som du överraskades av när du öppnade försändelsen. Tillåt mig att hjälpa dig ur denna förvirring och förklara vad i hela friden vi håller på med.

Boken är några sidor tunnare eftersom vi inte hunnit fylla den kvot vi satt upp för oss själva. Sådant händer och kommer hända igen. Att vi skulle tulla på kvaliteten bara för att fylla sidor vore en styggelse, hellre då lite färre sidor mellan pärmarna.

Jag vet också att du, precis som jag själv, gläds åt våra framgångar – att dessa framgångar är orsaken till den ofyllda kvoten gör ju det hela bättre. För det är så det ligger till. Februari var en månad som jag sent kommer glömma eftersom vi – på något sätt – lyckades med så mycket att det nu känns overkligt att vi faktiskt rodde allt i hamn.

För några dagar sedan, den 29 februari, var det ett stort evenemang i Svenskarnas hus. Både Svegot och Vita Pillret levererade live från scenen. Att planera inför detta, med den uppslutning av deltagare (närmare 150 personer) som kom tog en hel del tid i anspråk. Speciellt eftersom vi också, någon vecka in i februari, påbörjade renoveringen av ovanvåningen i huset – med insikten om att det mesta *måste* vara klart till evenemanget. Fantastiska eldsjälar kom, slet och segrade. Klart blev det.

Men för att utmana oss extra mycket valde vi också att sjösätta något som vi länge velat göra och arbetat för att få resurser till – tidskriften Nationalisten. I detta utskick har jag skickat med första numret till dig, så du kan se hur det blev. Jag är vansinnigt stolt över resultatet.

Men det är inte bara själva tidskriften utan också det faktum att den görs – att vi kan göra det – som gör mig lycklig. Det är otroligt viktigt att vi behåller närvaron i den verkliga världen. Vi tjatar ofta om den osäkerhet som råder på internet och det faktum att vi kommer se hur våra möjligheter att nå ut på webben fortsätter att kringskäras, Svegotboken är en av våra motåtgärder, tidskriften blir ytterligare en.

Med tidskriften igång känner jag att vår mediesatsning nu är komplett (nåväl, teve framöver kanske – långt framöver). Det vi kommer ägna oss åt nu är att vårda det vi har; bli bättre och skarpare. Vad gäller innehållet i Nationalisten så kommer en del av texterna återfinnas på hemsidan såväl som i denna bok. Men mycket kommer också vara exklusivt för tidskriften eftersom den ska stå på egna ben och bredda vår närvaro. Jag hoppas att du kommer uppskatta den.

Förutom allt som vi haft för oss så har ju jorden snurrat vidare och en hel del har hänt i Sverige och runt om i världen. De två stora nyheterna är coronaviruset som fortsätter att breda ut sig, samt att Turkiet till sist gjorde verklighet av sitt hot och lät de så kallade "flyktingarna" som befunnit sig i landet fritt försöka ta sig in i Europa. Hela SAS-debaclet hamnade lite i skymundan.

Om coronaviruset nu blir en pandemi och en ny "flykting"-invasion tar fart så kommer Sverige och Europa få stora problem. Men olyckor kommer sällan ensamma, så vi kan vara säkra på att något ytterligare också dyker upp. Det som kommer visa sig tydligt är den liberala demokratins oförmåga att hantera skeende-na såväl som den vänsterliberala världsåskådningens fel och brister.

Tyvärr kommer detta att ske på bekostnad av godtrogna och godhjärtade svenskar. Tack och lov blir dessa allt färre, bland annat tack vare de viktiga insatser som Det fria Sverige och Svegot gör – alltså tack vare ditt stöd och din hjälp. Åter igen, kära läsare, glöm inte att stå rak i ryggen som den del av det nationalistiska motstånd som du är.

JOHAN SVENSSON
1 februari 2019

Detta kåseri är en konspiration

Denna vecka har Johan siktet inställt på konspirationsteoretiker, och han visar ingen nåd. För, menar Johan, de drar ned oss alla i smutsen och riskerar att sprida defaitism, de stjäl energi och de irriterar i största allmänhet. Och när Johan ändå fått upp ångan så lanserar han en alldeles egen konspirationsteori.

Hyssj! Prata inte så högt! Vi är avlyssnade. Titta där vid köksvasken – en kran! Världsregeringen avlyssnar alla vattenkranar, vet du ingenting? Här, ta på dig den här foliehatten, då kan de inte läsa dina tankar. Hur som helst vart var jag någonstans? Jo, de här rymdödlorna som styr världen inifrån jordens mittpunkt…

Ja jösses. Det finns ingen hejd på galenskaperna i vår värld. Som om det inte räcker med alla vansinnigheter våra kära folkvalda parasiter och den mediala överklassen hittar på finns det gott om folk som anstränger sig till det yttersta för att hitta på egna galenskaper.

Jepp, det är dags att vi pratar om konspirationsteorier.

Vi har gång på gång konstaterat att media och politiker ljuger. Detta är inget nytt men det har eskalerat till helt oerhörda nivåer i takt med att migrationen till vita länder har ökat lavinartat. Detta parat med internets och sociala mediers framväxt har gjort att vanliga människor har helt andra möjligheter att syna korten och nå ut med budskap som exponerar medias och politikers lögner, vilket har lett till en ökad medvetenhet om deras lögner. Eller uttryckt på ett annat sätt: "Don't hate the media – become the media".

Men Johan, gurglar konspirationsteoretikern hånfullt bakom sina tjocka lager av folie, du har precis bevisat vår poäng. De styrande ljuger för oss och vi exponerar deras lögner. Vi är sanningssökare som studerar dessa frågor.

Att googla på konspirationssidor och att se på youtubefilmer med folk som hävdar att det tredje riket lever vidare under Antarktis (nej det är tyvärr inget jag hittar på, kära läsare) är inte att studera. Det är att leva i en ekokammare där alla meningsfränders hemmasnickrade narrativ förstärks bortom allt vett och sans. Konspirationsteoretiker älskar ordet studera, för det får dem att framstå som mer seriösa i sina lekar. Att läsa saker skrivna av folk som delar dina åsikter är inte att bedriva studier. Du är definitivt ingen sanningssökare om du sitter på din kammare och fabulerar ihop nonsens för att roa dig själv och dina likasinnade vänner.

En svårighet i att diskutera med konspirationsteoretiker är att det helt enkelt inte går att nå fram. Genom att de ifrågasätter allt spelar det ingen roll vad du appellerar till. Vadå jorden är rund? Det förstår du väl att det är en fysik omöjlighet. Det är bara en konspiration som hålls vid liv av NASA och kartindustrin. Vem är du köpt av egentligen? (Jag som skriver detta är tyvärr inte köpt. Jag har frågat Frändelövaren var mina Putin-pengar är men han hävdar med bestämdhet att han inte heller fått några. Se där en konspirationsteori som vi har motbevisat.)

Vi som lever i den vanliga världen inser att ja, vi får lögner presenterade för oss som fakta varje dag. Detta är inget nytt. Det har skett i alla tider. Det gäller att kunna sålla bland informationen. Ett kritiskt förhållningssätt är förstås ytterst viktigt. Problemet är att vissa har förlorat den här förmågan att sålla. På grund av att media och politiker ljuger för oss om X (till exempel att herrejössesmycket invandring ska rädda vårt land) måste Y (till exempel att månlandningen är en bluff) vara sant. Just nu sitter en del av er, kära läsare, och kokar av harm över att jag har mage att påstå att månlandningen har hänt. Det är bra. Det betyder att jag skriver om något som berör. I vanlig ordning gäller följande: hysteriska utbrott och klagomål skickas till kontakt@svegot.se.

Jag hade kunnat strunta i att skriva om det här ämnet. Men det går inte. För ni konspirationsteoretiker får oss alla att se ut som fradgatuggande dårar. Media hänvisar till folkutbytet som en konspirationsteori. Även begreppet kulturmarxism kallas för en konspirationsteori. Så även vänsterns marsch genom institutionerna. Varför gör de detta? För att de vet att det är en framgångsrik strategi. Om vi associeras med stolliga konspirationer så ser vi alla dåliga ut. Fullt legitim och bevisbar kritik går enkelt att avfärda som konspirationsteorier om tillräckligt många inom det som i breda drag kan kallas för den nationella oppositionen ägnar sig åt rena stolligheter.

Hur ska man då dra gränsen? Detta är givetvis nästintill omöjligt att svara på. Det enda jag kan göra här är att appellera till sunt förnuft, något som det finns alldeles för lite av i världen idag. Ja, det ljugs sannolikt för oss till exempel om hur Jeffrey Epstein dog och vi får inte veta sanningen om allt som hände honom (jag tror till exempel att han mycket väl kan ha tagit livet av sig själv, men att han blev pressad till det). Det betyder inte att frimurarna sprayar oss med chemtrails eller att elfte septemberattackerna aldrig har skett.

Apropå chemtrails: min vän D avskyr konspirationsteoretiker ännu mer än vad jag gör. Av den anledningen hängde han på i en forumtråd om chemtrails i syfte att förstå dessa stackars förvirrade människor. Diskussionen handlade om vad det är de släpper ut. En stolle skrev att de släpper ut nanorobotar som redan finns inne i oss alla. "Vad ska man göra då?", frågade någon. "Inget, det är för sent", svarade stollen. Sedan dog tråden.

Här kommer vi till ett av de största problemen jag har med konspirationsteorier: det är defaitism. Jag tillhör den skara som tycker att defaitister i de egna leden är de första som måste besegras. Annars sänker de stridsmoralen hos alla rättfärdiga människor.

Om vi ska tro på vad konspirationsmånglarna säger är det faktiskt ingen mening att vi gör någonting. Allt är förutbestämt, vi har omöjligt starka makter som motståndare och ingenting går att påverka. Vi har ingen chans och allt är kört. Alla världens ledare är i konspiration mot oss och har en gemensam plan för vår framtid och det finns inget vi kan göra åt saken. Om vi inte tror att det går att utnyttja den naturliga oordningen i världen och agera för våra intressen är ju loppet redan kört, eller hur? Vi kan agera och påverka på grund av att de som har makten i världen inte alltid är så smarta och samspelta och det ska vi exploatera vid varje tillfälle vi får.

Ett annat problem är att konspirationsteorier är energitjuvar. En distraktion. Personer på vår sida lockas ner i kaninhål och får sin handlingskraft kapad av människor med egna agendor som styr denna positiva energi åt annat håll. Energi som hade kunnat läggas på vårt folks väl och ve istället. Vad sägs om detta: konspirationsteorier är medvetet kontrarevolutionära för att avleda energi från oppositionen. Det var väl ingen dålig konspirationsteori?

Det är bergsäkert så att det var dag sker massvis med saker vi aldrig får veta hela sanningen om och att vi bara ser toppen av isberget. Som opposition måste vi tänka kritiskt och uppmärksamma när makthavarna ljuger för oss. För att göra detta krävs det bevis. Det går till exempel att bevisa att media ljuger och att världshändelser presenteras för oss på ett oärligt sätt. Men ärligt talat, bevisläget för många konspirationsteorier är minst sagt dåligt.

Så tänk kritiskt och ifrågasätt. De med makt och inflytande kommer att fortsätta ljuga för oss om det som händer i vår värld och hur det påverkar oss. Då ska vi dra ner brallorna på dem och visa att vi genomskådat lögnerna. Men om jag får önska något så skulle det vara att vi håller oss till det vi kan leda i bevis. Även om makthavarna ljuger om sådant som är viktigt för oss betyder det inte att precis allt är en konspiration.

Om du propagerar för fullkomligt orimliga konspirationsteorier har du själv blivit en av lögnarna och då är du inte en vän till den nationella oppositionen och du gör oss inga tjänster. Du ägnar dig i så fall åt ett narcissistiskt självförhärligande där du försöker framställa dig själv som vida smartare än vad du egentligen är. Du kan bättre än så och vi behöver att du riktar den energin i en mer positiv riktning. Så ta av dig foliehatten, lämna datorskärmen och sälla dig till de levandes värld. Ditt folk behöver dig.

MAGNUS SÖDERMAN
3 februari 2019

Terrorattack i London
– igen

På söndagseftermiddagen hände det igen i London. En utomeuropeisk 20-åring gick till attack med kniv mot söndagsflanörer. Dådet utreds som ett islamistiskt terrorbrott. Som om någon längre bryr sig.

Det är uppenbart att det förutom för de närmast drabbade inte är så många som längre bryr sig om ett vardagligt terrordåd. Om det inte innefattar massmord, bomber och automatkarbiner så skuffas nyheten snabbt bort – om den ens tar sig förbi notisplatsen.

Igår vid tvåtiden klev en 20-årig muslim in i en järnaffär i Londonstadsdelen Streatham. Han plockade en kniv från hyllan, gick ut på gatan och högg en kvinnlig cyklist i 40-års åldern. Därefter högg han ner en man utanför en pub bredvid järnaffären och sedan attackerade han ytterligare en person en bit nedför gatan. Polisen var snabbt på plats (de hade spaning på honom eftersom de misstänkte att han var på väg att genomföra en attack) och till sist skjuts knivmuslimen ihjäl av en civilklädd polis.

När polisen närmade sig den döende terroristen ser de något de misstänker kan vara en bombväst, varpå de retirerar och beordrar att området ska evakueras.

Vill äta klart

En film visar en polis som kliver in på ett café och beordrar dem att utrymma. En kvinnlig anställd frågar om de inte kan få en halvtimme på sig, eftersom att gästerna precis ska till att äta. Aningen absurt kan man tycka och polisen förklarar att de just skjutit en terrorist som kan tänkas ha bomber.

Det säger dock något om hur vana vi blivit. För några år sedan hade denna händelse blivit stora nyheter. Men inte längre. Det är mer och mer att anse som vardagsmat att någon (i det här fallet en muslim) hugger ner några, blir skjuten och kanske har bomber på sig. Det är inte längre en allvarlig händelse som skrämmer oss – på sin höjd är det något som stör vår lunch.

Revolution? Snarare tillvänjning

Londonborna (eller för den delen folk i gemen) blir inte argare och argare för varje gång ett dylikt dåd sker. De vänjer sig. Förutom de direkt drabbade så går livet vidare för alla. Kanske tänker man att det var tur att man själv kom undan igen. Och någon analys av vartåt det hela barkar hän gör man inte.

Förutom att det säger mycket om oss som människor så visar det också våldets och terrorismens futilitet i förlängningen. Vi blir arga och rädda, till en början. Sedan blir vi vana och likgiltiga. Terrorism fungerar inte, inte ens i det överciviliserade västerlandet.

Det är naturligtvis bra att vi är så. Motsatsen hade varit outhärdlig. Men icke forty lämnar det en bitter och besk eftersmak, att "vi" inte längre bryr oss. Inte ens det faktum att terroristen Sudashe Amman nyligen släppts fri från fängelset förra veckan (där han suttit för terrorbrott) kommer resultera i annat än svidande kritik mot någon syndabock systemet drar fram.

I väntan på nästa gång

Snart nog kommer det hända igen. I London, Paris, Berlin eller Stockholm. Eller för den delen, i någon liten småort som tvingats ta emot "flyktingar" en masse. I London dog ingen – i alla fall inte hittills – denna gång. I alla fall ingen av värde (terroristen själv var det ju bara bra att man tog av daga). Kanske blir det annorlunda nästa gång.

Det är det nya normala nu. Det som var nytt och uppseendeväckande för några år sedan. Våra barn som föds och växer upp känner inget Sverige eller Europa där dylikt inte händer med jämna mellanrum. För dem kommer det bli än mer normalt – till och med självklart.

Därför måste vi berätta om en annan tid, ett annat Europa. Vi måste ge dem myten om det gamla Sverige och visionen om det fria Sverige. Det är den enda vägen framåt.

REDAKTIONEN
3 februari 2019

Förskolepedofil kunde härja ostört i fem år trots varningar från föräldrar

I sex år kunde en 40-årig man sexuellt utnyttja barn på den förskola han arbetade, trots att föräldrar flera gånger försökt påpeka för förskolan att något ytterst olämpligt föregick. Mannen är till slut häktad men hur många barn han har skadat kommer ta lång tid att utreda. Föräldrarna är mycket kritiska till hur förskolan har hanterat situationen.

Det har funnits mycket som tytt på att något inte har stått rätt till på förskolan i Stockholm där den 40-åringen arbetade. Barn kom hem med könshår på kläderna, med rodnader i ruman och underlivet, de har drömt mardrömmar, inte velat äta och i vissa fall vägrat gå till förskolan.

Föräldrarna reagerade även på att mannen var mycket närgången med vissa av barnen och envisades med att "pussa hejdå". Föräldrar påpekade det olämpliga i detta men fick inget gehör från förskolan.

Däremot ansåg man det från förskolans håll problematiskt att mannen hade en tendens att favorisera vissa av barnen, och de talade med honom om detta.

40-åringen hade även schemalagt sina arbetstider så att han ofta var ensamma med barnen vid öppning och stängning, samt envisades med att vara den som fick byta blöja.

Nu pågår ett intensivt arbete för att försöka spåra alla de barn han kan ha kommit i kontakt med sedan 2014.

Ilska hos föräldrarna

Föräldrarna är givetvis mycket upprörda över att detta har kunnat pågå så länge och att de inte fått något gensvar från förskolan trots att flera av dem har påpekat att

40-åringen betett sig mycket underligt. Flera av föräldrarna skuldbelägger även sig själva och undrar om de inte borde gjort något. Men, som en förälder uttrycker sig, "man måste ju kunna lita på pedagogerna när de säger att det inte finns något att oroa över". Det kan man bevisligen inte. I detta fallet är det helt tvärtom där förskolan varit ovillig, eller oförmögen, att skydda barnen från fruktansvärda övergrepp trots alla varningsklockor som har ringt.

Sara Dahl är som verksamhetschef för förskolan den ytterst ansvariga för det som har skett men hon menar att hon inte haft en aning om vad som pågår när hon blir intervjuad av Aftonbladet.

– Varken jag eller någon annan på utbildningsförvaltningen hade någon som helst kännedom om det här innan i måndags, då polisen informerade oss om att mannen hade anhållits.

Om personalen på förskolan vetat något kan hon inte uttala sig om då hon inte fått "bilden klar för sig än".

Det är hur som helst mycket tydligt att något har fallerat något oerhört. Förskolan sägs vara en viktig plats för barn där de ska lära sig "socialisera" och framförallt inte hindra sina mammor från att ge sig ut i arbetslivet och göra karriär.

Men en förskola som inte bara anställer, utan även lyckas missa att en pedofil utnyttjar barnen under flera år trots alla varningar har ett oerhört stort fel inbyggt i sig. Och det är barnen och föräldrar som får betala priser.

Någon tog lagen i egna händer
Mannen har erkänt grovt barnpornografibrott, kränkande fotografering av barn samt ett fall av grovt sexuellt övergrepp. Trots detta ansåg man inte att det fanns skäl nog att häkta mannen, något som han fick anledning att ångra kort efteråt.

Någon bröt sin in i pedofilens lägenhet och misshandlade honom svårt kort efter att han kommit hem från rätten. Någon som kanske kände att lagen inte riktigt gjort sitt och att det var dags att ta lagen i egna händer.

Senare, efter en överklagan i hovrätten, greps 40-åringen till slut och sitter nu häktad.

DAN ERIKSSON
3 februari 2019

Olle Thorell har fel, det väsentliga var faktiskt bättre förr

I går skrev den socialdemokratiska riksdagsledamoten Olle Thorell på Afton-bladet Debatt att "populisterna" ljuger när de påstår att det var bättre förr. Som argumentation väljer han att ställa upp ett antal halmgubbar, eller helt enkelt ljuga.

Så, vad har Thorell för argument för att det inte alls var bättre förr? Vi tar dem en efter en.

Thorell: Barn dog i sjukdomar som polio och mässlingen.
Thorell har helt rätt. Den medicinska forskningen har gått framåt och idag kan vi bota och behandla massor av sjukdomar vi inte kunde förr. Men är det verkligen detta som "populisterna" menar var bättre förr? Är det ofta Thorell ser folk klaga på att medicinerna var bättre förr? Är antibiotikahatet utbrett på Twitter? Eller är detta bara en halmgubbe från en desperat sosse?

Thorell: Inom äldreomsorgen buntades äldre med vitt skilda behov ihop i lång-vårdsboenden. På ålderdomshemmen var enkelrum en lyx som få fick del av.
Återigen, har Thorell sett många av dessa "populister" ropa på långvårdsboendets återkomst? Eller har vi återigen att göra med en halmgubbe?

Thorell: Kvinnor tvingades välja mellan arbete och karriär eller att bilda familj.
Vad Thorell åsyftar här är avskaffandet av sambeskattningen 1971 vilket ledde till en explosion av skilsmässor och att hundratusentals barn rycktes ifrån sina familjer och placerades i politiskt styrda "daghem". För en uppenbar materialist som Tho-rell är detta så klart något bra, eftersom "karriär" och pengar är viktigare än familj och att ge sina barn en trygg uppväxt — vi vet nämligen från en mängd studier att skilda föräldrar är en av de absolut starkast bidragande orsakerna till att barn hamnar i kriminalitet.

Så här har Thorell helt enkelt fel. Det var bättre förr. Men det var så klart inte bättre för Socialdemokraterna, eftersom de då hade mindre möjlighet att kontrollera befolkningen och indoktrinera barnen med "den rätta läran".

Thorell: Våldtäkt inom äktenskapet blev ett brott först 1965, men ingen dömdes förrän 1984.
Då är vi tillbaka till den där halmgubben. Vilka "populister" har argumenterat för att legalisera våldtäkt inom äktenskapet? Ingen, mig veterligen.

Thorell: Man fick utan straff slå sina barn.
Det här är helt enkelt inte sant, eller åtminstone kraftigt förvanskat. Det stämmer att det inte var nolltolerans mot barnaga, men redan vid medeltiden stipulerades det i svenska landskapslagar att man enbart hade rätt att aga "med måtta" och det har så länge vi vet aldrig varit tillåtet att misshandla sin barn hur man vill.

Men återigen, är det här en fråga som "populister" lyfter? Ser man till en person som Stefan Molyneux som många "populister" följer, så är motståndet mot barnaga en av hans huvudpunkter.

Thorell: Homosexualitet var olagligt till 1944 men stigmatiserat långt mycket längre och ansågs vara en psykisk störning ända fram till 1979.
Huruvida detta var bättre eller sämre, och om det är bättre att människor som lider av psykisk ohälsa får vård istället för att få sina vanföreställningar bekräftade, är nog upp till var och en att avgöra. Har normaliserandet av homofili haft en positiv inverkan på svenskarnas välmående och förhållande till sin sexualitet?

Thorell: Arbetstiden var längre och semesterveckorna färre.
Det börjar bli tröttsamt, men här har vi ännu en halmgubbe. Inga "populister" menar att det var bättre med färre veckor betald semester (det finns de som menar att Hitler var den första att införa betald semester, ville mest bara tillägga det för att få vara först att nämna Hitler).

Thorell: Arbetsmiljön inom industrin var betydligt sämre än idag och arbetsplatsolyckorna mångfalt fler.
Halmgubbe, halmgubbe, halmgubbe.

Thorell: Det sprids också en bild av att allt var så mycket tryggare på 50-, 60-, 70- och 80-talen. Inte heller det stämmer. Brottsligheten generellt har legat på ungefär samma nivå.
Här har Thorell helt enkelt fel, eller är i bästa fall bara oärlig. Sedan 1950 har antalet anmälda brott per person ökat med 65%. Ett antal brottstyper har minskat sedan 1975, till exempel bilstölder och inbrott som ett resultat av teknisk utveckling. Men när det gäller sexualbrott, våldsbrott och dödligt våld ser vi istället explosionsartade ökningar.

Det hela blir bara patetiskt.

När "populister" säger att det var bättre förr menar man så klart att man upplevde vårt land som tryggare, vilket är helt naturligt i ett land med hög grad av etnisk homogenitet. Precis som professor Robert D. Putnam konstaterar i sin klassiska studie från 2007 så leder ökad "etnisk mångfald" i ett samhälle till lägre tillit.

Det väsentliga var alltså bättre förr. Tilliten, tryggheten, gemenskapen. Möjligheten för familjer att vara nära sina barn under de avgörande första åren. Synen på varandra som något annat än producenter och konsumenter.

Det handlar varken om barnaga, semesterveckor eller Poliovaccin. För att tro det måste man vara dum i huvudet. Eller sosse.

Som att det vore någon skillnad.

EVA-MARIE OLSSON
4 februari 2019

Vi snuvades på våra barn

Propagandan mot svenska familjer är inget nytt. Under lång tid har den svenska staten tillsammans med opinionsbildarna i massmedia uppmanat oss att "familjeplanera". Förr betydde det kanske att den tredje eller fjärde telningen inte blev till, idag barnlöshet. Eva-Marie Olsson såg förändringen på nära håll.

Ett människoliv går fort, man föds, växer upp, bildar familj, åldras och dör. Vår stund på jorden är över. Vad har man uträttat, vad fick man gjort? Mina tankar går till oss svenskar som för det mesta är ett förnuftigt folk, vi tar till oss av råd och rön och lever efter dem. Eller är det kanske så att vi följer det finger som pekar, är vi lättlurade?

Många av oss spetsade öronen då, när det begav sig, och "Anslagstavlan" körde igång på televisionsapparaten. Nu blev det information från staten, alla måste lyssna och barnen ombads vara tysta så att den viktiga informationen kunde tillgodogöras av hela familjen. Det var så viktigt.

Meddelandena från staten kom till oss på ett naturligt sätt rakt in i våra hem, där vi satt i vardagsrumssoffan med blicken fästad vid den möbel som allt från den dagen den bars över tröskeln vi alla svenskar inredde rummet efter.

Vi fick lyssna på allt från att komma ihåg att ändra inkomst till Försäkringskassan så att ersättning vid sjukdom och vid vård av barn blev den rätta efter löneförhöjningen, till Socialstyrelsens uppmaningar och råd till oss om att det var bra för svensken att äta sex till åtta skivor bröd om dagen. Och vi åt.

Vi åt smörgåsar, sparade i spargrisen, satte in pengar på banken, ställde oss i bostadskö, tog på oss bilbältet, nös i armvecket, sparade på varmvattnet, vädrade sovrummet snabbt, skruvade ner elementen, tätade fönstren, skottade snö, lämnade in deklarationen i tid, använde reflexer – och vi familjeplanerade.

Många goda råd, det får jag tillstå, men, varför skulle vi fås till att föda så få barn? Såhär i efterhand när man summerar och tittar bakåt är det något som skaver. Ansvarstagande och att på riktigt ta ansvar för folkhälsan och för sin nation det är en bra sak, men just när det gäller barnafödandet är det något som haltar betänkligt. Ni som är unga nu har alldeles för få syskon, även vi som är i mormor- och morfar-generationen har för få syskon om man ser på det generellt. Många av oss har endast en bror eller en syster, om ens det. Kanske är vi "ensambarn".

Som kvinna och gravid på 80-talet var man en viktig person som vänligt hälsades välkommen på stadens mödravårdscentral, ett helt späckat och planerat schema var fastställt ända tills förlossningen. Ett batteri av personer med specialistkunskaper om foster, barn och kvinnor fanns till ens förfogande, man var riktigt trygg och säker i livets stora man var med om att skapa. Och man skulle på sin höjd endast vara där på mödra- och förlossningsvård två gånger, eller rättare sagt 1,78 gånger – det var snittet för svenska kvinnors barnafödande.

Men mitt i denna period som jag anser vara en bra period vad beträffar omhändertagandet tillsammans med den kvalitativa vården så påbörjades det från politikerhåll en planering om tidig hemgång efter förlossning. Vi nyförlösta ombads att fylla i enkät och motivera våra svar, och eftersom jag var misstänksam om vad det skulle utmynna i anade jag att detta var ett led i sparande. Den goda tiden hade vänt från att ha råd att göra det bästa hela tiden till att åtstramning sattes på agendan. Det skulle sparas in på det mesta, blivande mödrar och spädbarn fick sin beskärda del i den nedåtgående trenden.

Från att ha varit med om att svensk förlossningsvård höll sig i framkant och tog till sig nymodigheter som "naturligt födande", psykoprofylax, andningsteknik och med högteknisk övervakning av fostret, till att man själv och det väntade barnet inte längre var så viktiga gick smygande och pågick under flertal år. På 90-talet fick jag frågan på mödravården efter graviditetstestet: "ska du fullfölja graviditeten?". Ni kan föreställa er så snopen jag blev då abort aldrig föresvävat mig. Jag var 33 år, mor till två och hade tid, plats, ekonomi och hjärta för barn nummer tre. På 90-talet ändrade man snabbt i sina rutiner, borta var till exempel att åka säng som en drottning upp till avdelning med det nyfödda barnet på sin arm, nu fick man istället, så gott det gick strax efter förlossning, själv ta sig dit: "du är väl inte sjuk?", fick man höra då man inte kände igen sig från 80-talet. Yr i huvudet av lustgas och öm i den del av kvinnokroppen som blott för en stund sedan varit i hårt arbete var det bara att traska på, och man gjorde det.

Vi pratar dagligdags om språkförbistring inom svensk sjukvård, vi förstår allt som oftast varken vad som sägs och inte heller förstår vi varandra kulturellt. Såklart är det skillnad och grader i "helvetet". Den språkliga tveksamheten jag råkade ut för ter sig förmodligen som en mild västanvind från hur det är idag: "nu kan du klämma" sa den uppländska barnmorskan till mig en tidig morgon i juni 1984. "Menar du kryyyysta?", sa jag på skånska. Och så var barn nummer två född.

När jag och mannen fått de barn vi skulle ha gick åren och tiden snabbt vidare tills en dag då vårt KK i Malmö inte längre räckte till, havande kvinnor blev då och då nekade att föda i sin egen stad då det var fullt. Kvinnor och blivande pappor sänds till andra städer och ibland även till andra länder. Skånska barn får ibland se sitt första dagens ljus på Rikshospitalet i Köpenhamn. Och jag undrar i mitt stilla sinne ifall förlossningspersonal även sänder iväg somalier, araber, zigenare med flera kors och tvärs i riket och utomlands för att föda "nya malmöbor"? Vore intressant att få reda på vilka som man i första hand sänder iväg och vilka som man pressar in för att pressa ut en ny liten svensk eller "svensk". Behandlas vi lika, eller är vi svenskar även där andra klassens medborgare?

Jo det där med familjeplanering, att skydda sig och använda preventivmedel så att det inte blir för många barn, det har vi lärt oss, men vad blev den svenska bistånds missionerande ambulerande kampanjen i Afrika av? Tog kampanjen slut där, men fortsatte här? Förmodligen går det inte fort nog för de onda styrande, vi svenskar slutar inte att göra barn i den grad och takt som de som stakat ut för oss. Vi har alla sett att man nu slår med stora släggan och drämmer till med "barnskam": barn har för stor "klimatpåverkan". Vi är alla en länk i kedjan som läggs på föregående generationers strävan, barn och vår fortlevnad kan aldrig vara skamligt.

När man tänker tillbaka till då man var ung och bildade familj, så blir man frustrerad över att man mer eller mindre blev snuvad på att bli fler i familjen. Vi har varit så duktiga, vi har blivit så lurade. När nu sanningen är avslöjad och vi ser öppna famnen och uppmuntrande tillrop, om kanske inte precis hejarop men mot främmande folks storfamiljer, finns det aldrig påbud och tal om återhållsamhet eller proklamerat skamtänkande. Ett tydligt vi och dem, där olika måttstockar råder. AB Sverige levererar. Låt oss i Det fria Sverige känna kärlek och glädje tillsammans. Vi växer, vi blir fler. Barn är livet, livet är barn.

JALLE HORN
4 februari 2019

Tegnér diktar om våra heligaste väsen

Få saker i naturen inger oss så mycket känsla av skönhet, mäktighet och livskraft så som träden gör. Det påminner oss dagens dikt om. Träden rent av talar till oss och ger oss kunskap och visdom. Med stor skönhet visar oss poeten trädens förmåga att låta oss skåda livet och andligheten själv.

I sin ungdoms dagar skapade Esaias Tegnér dagens dikt. Då lät han sig gärna fyllas av romantiska stämningar. Senare i livet var han rätt avogt stämd gentemot den romantiska skolan med poeten Atterbom i spetsen, han tyckte att dess företrädare var kort och gott flummiga. Men alla har vi varit unga.

Dikten "Träden" följer den romantiska idén att det gudomliga är inneboende och därmed närvarande i allt. I det här fallet ger träden oss kunskap och visdom lika väl som känslor av skönhet, kärlek och livskraft. Träden talar till oss om vi bara lyssnar. De är ej blott skapade ting men "håg som lever".

Det insåg skalden som barn när han i skogen såg himlen och stjärnorna och evigheten genom kronorna. Och det insåg våra fäder för länge sedan. Dodona var en antik kultplats i nordvästra Grekland där det fanns ett orakel som uttydde tecken från en helig ek för att delge människor kunskap. För våra närmare förfäder, de nordeuropeiska folken, såväl germaner och slaver som balter, var träden heliga varelser vars trä man givetvis använde för praktiskt bruk men som man också förstod att hålla sig väl med.

Många av folken hade ett heligt träd som de tillbad som särskilt gudomligt. Nordborna hade t.ex. sin ask och friser och flera andra germanfolk hade sin ek. I Gamla Uppsala fanns ett heligt träd vid templet eller lunden. I mellersta Tyskland fanns en ek som var så helig för germanerna att biskopen Bonifatius såg till att hugga ned den. Utanför Valhall stod världens skönaste träd. De första människorna Ask och

Embla karvades fram ur två träd. För de gamla prusserna var flera träd heliga och bestämda skogar så heliga att de var förbjudna för icke-präster.

I de germanska länderna var (och kanske är för vissa) det vanligt med vårdträd på familjens ägor, d.v.s. ett träd som skyddade släkten och dess hem. Vi skogsmänniskor i norr förstår fortfarande instinktivt trädens heliga väsen. Vem har inte stannat till i skogen många gånger och känt stark närvaro av liv och ande. "Ty den eviga är ej död", säger Tegnér.

Träden
Dodonas ekar talade fordomdags,
ur helga skuggor stammades ödets dom.
Ännu i dag för den Vises öra
viskar en stämma i edra toppar.

I stilla väsen, slutna inom er själv,
I jordens döttrar vilka med barndomslust
dien er moders barm och lyften
lummiga hjässor mot himlens stjärnor.

I edra skuggor bygger sitt lätta bo,
på edra grenar vilar sig skogens skald,
vilken bekymmerslös, lätt bevingad,
reser med sång mellan skyn och jorden.

I skogens vildar, kungliga ekars släkt,
I Nordens tallar, hedens och klippans barn,
och du förtrogna björk, som hänger
ner över dalen de gröna lockar!

Hur ofta låg ej min sorgfria barndom förr
i edra skuggor! O huru ofta såg
jag till de eviga stjärnor genom
dallrande taket av edra kronor!

Hör, hur det vandrar! Gången är andars gång.
Hör, hur det talar! Rösten är andars röst,
blyga Dryaders, som genom barken
viska ännu om Naturens skönhet,

Naturens liv! Ty den eviga är ej död.
Hon lever ännu och rörs i var fibertråd,
och driver saven i trädens blomkärl,
det vita blodet inunder barken.

Se, hur de kläda i blommor sin hjässas prakt
när våren kommer, skapelsens kröningsdag.
Gyllene kronor en Gud då sätter
över de grönskande trädens tinning.

Fall ned och tillbed, icke ett skapat ting,
men håg som lever! Livet är världens kung.
Dess härold, Solen, skriver från höga himlen
sitt kärlekskväde med guldbokstäver.

O låt mig trycka vart väsen till kärligt bröst!
Se varje träd som blommar en tunga har,
talar om Skönhet och Liv och Kärlek;
de stummas tunga är aftonvinden.

MAGNUS SÖDERMAN
5 februari 2019

Pelosi kunde inte kontrollera sina känslor – rev sönder Trumps tal

I natt höll Donald Trump sitt årliga tal om tillståndet i nationen. Samtidigt pågår demokraternas riksrätt mot honom och polariseringen mellan de två partierna är total. Demokraternas hat mot presidenten sammanfattades då talmannen Nancy Pelosi rev sönder presidentens tal inför öppen ridå.

Det var en nöjd president som höll sitt årliga tal om tillståndet i nationen. Tillsynes oberörd av all turbulens gick Donald Trump igenom allt bra han tycker sig ha gjort, varpå det egna lägret applåderade och motståndaren inte gjorde det – eller ropade "bu" lite lagom högljutt.

I sig är det ganska meningslöst med dessa uppträdanden som görs. Presidentens uppgift är att berätta om sin egen förträfflighet medan motståndarna ska skaka på huvudet med jämna mellanrum. Konstant avbryts talet av att de egna senatorerna ställer sig upp och applåderar så det som kunde blivit gjort på 30 minuter tar betydligt mycket längre tid.

Trots det finns det ett visst värde i beskåda det hela, framförallt eftersom det visar vad presidenten vill fokusera på. Man kan också få en uppfattning om hur långt ifrån varandra de två parterna – republikanerna och demokraterna – står. Mycket långt, kan vi konstatera efter natten.

Inget annat har varit att vänta. Sedan Trump tillträdde har demokraterna varit tydliga med att de kommer obstruera. Vänsterliberaler av olika schattering har från dag ett vägrat acceptera presidenten och den nu pågående riksrätten är ett led i detta. Kort sagt avskyr – nej hatar – de Donald Trump. Så när han i sitt tal berättar vad han gjort för kvinnor i arbetslivet kan inte de feministiska demokraterna ändå med att applådera. Bara när det handlar om svarta minoriteter eller annat som verkligen faller dem på läppen så slår de slappt ihop händerna.

Det hela är en fars, kort sagt.

Trumps tal innehöll inget nytt. Han menade att hans administration var i färd med att genomföra den "stora amerikanska comebacken"; att gränserna var säkrare och landet starkare än någonsin. Därtill hade svarta, kvinnor, fattiga och sjuka fått det bättre; och ännu bättre kommer det bli, för alla.

Huruvida det är sant eller inte spelar ingen roll i sammanhanget. Precis som med statistik kan man vrida och vända på alla påståenden presidenten kommer med. Beroende på vem du frågar kommer du få olika svar. Men återigen, för båda sidor handlar det om att stärka sina egna positioner, vilket är ännu viktigare nu med tanke på presidentvalet senare i år.

En sak är dock säker, presidenten har uppfyllt många av sina löften (alldeles oavsett vad man tycker om dem). Han har inte heller startat några nya krig. Det sistnämnda bör vi alla applådera. Han fortsatte också att vara tydlig i vissa frågor, som när han sa att socialismen aldrig ska tillåtas förstöra nationen, att varje liv är en gåva från Gud och ska skyddas (mot aborter) samt att så kallade "skyddade städer" (där illegala invandrare får husera fritt) är en skam.

Det alla kommer ta med sig från talet är dock inte innehållet utan vad som hände efteråt. Då ställde dig nämligen talmannen Nancy Pelosi upp och rev sönder den kopia hon fått av talet. Så klart går åsikterna isär om upprinnelsen. Låt oss därför titta på vad som hände.

När Trump gick upp i talarstolen så gav han en kopia av talet till vicepresidenten och en till talmannen (som sitter bredvid varandra). Han skakade inte hand med sin egen vicepresident och när Pelosi räckte ut handen var Trump redan på väg att vända sig om. Detta ursäktar, enligt en samlad gammelmedia, Pelosis agerande efteråt.

– Det var den artiga handlingen, om man ser till alternativen, sade hon själv om det hela efteråt.

Vita huset svarade med att konstatera att handlingen är den hon kommer bli ihågkommen för.

Man kan dock misstänka att tilltaget faktiskt har en annan upprinnelse: frustration och dålig självkontroll. Att Nancy Pelosi hatar Trump vet vi. Att hon längtat efter riksrätten vet vi också. Att Trump likt gåsen med vattnet inte verkar påverkas nämnvärt av demokraternas ständiga attacker kan vi också räkna in. Trots alla försök att sätta käppar i hjulen för presidenten blir det inte mycket av det. Lägg därpå sedan cirkusen i Iowa där demokraterna visade sig oförmögna att ens hålla ordning på primärvalet och vi får en frustrerad och spattig Pelosi som tappar kontrollen inför öppen ridå.

Hennes påhitt kommer självklart att uppskattas av övriga fruntimmer i det egna lägret, där den passiva aggressiviteten är modus operandi. Men för seriösa människor, oavsett politisk hemvist, är det pinsamt att se. Därtill kan frågan också ställas om hon har vad som krävs för den roll som är hennes: Ska talmannen i representanthuset bete sig på det sättet?

Många har klagat över hur presidenten uppfört sig sedan han tillkännagav sin kandidatur. En del finns att också att önska. Svaret från demokraterna blev till sist att demonstrativt riva sönder talet inför hela det amerikanska folket.

Det är pinsamt.

DAN ERIKSSON
5 februari 2019

Panik i Tyskland när AfD fick makt att utse regeringschefen

30-talets fascism är tillbaka skriker politiskt korrekta i kör efter en politisk jordbävning i tyska Thüringen. Vänstern är i panik, och inom de stora partierna ropar man nu efter nyval.

I den tyska delstaten Thüringen, belägen i forna Östtyskland, hölls det val förra hösten. Den 5 februari var det dags för de nyvalda ledamöterna att välja en ny regeringschef, och med minsta möjliga marginal stod till slut liberalen Thomas Kemmerich som segrare.

Detta hade kanske inte varit så uppseendeväckande i normala fall, även om det är ovanligt att parti som bara fick fem procent av rösterna får den viktigaste posten, men den här gången har det utlöst panik, gråt och skrik bland det politiskt korrekta etablissemanget i Tyskland.

Kemmerich, som representerar Freie Demokratische Partei (FDP) tog nämligen hem valet, med 45 röster mot kommunisten Bodo Ramelows 44, tack vare att ledamöterna från kristdemokratiska CDU och invandringskritiska AfD röstade på honom, något som anses vara ett "tabubrott".

Paralleller till 1930-talet

I sociala medier haglade jämförelser med 1930-talet, och man menade att "borgerliga" och "fascistiska" partier nu återigen samarbetar och varnade för en annalkande förintelse av icketyskar. Men det är inte bara anonyma gaphalsar på Twitter som blivit alldeles till sig idag, även från de stora partierna är fördömandena hårda.

Alexander Graf Lambsdorff, vice gruppledare för FDP i förbundsdagen, menade att hans partikamrat måste dra tillbaka sin kandidatur omgående:

"Man kan, och ska, ställa upp i demokratiska val. Men man låter sig aldrig väljas av AfD-fascister. Händer det ändå, så avsäger man sig valet. Det bästa för Kemmerich är att han kliver ner och får fram ett snabbt nyval"

Från kristdemokratiska CDU:s högsta ledning var fördömandet mot det egna partiets agerande hårt och förespråkar även de ett nyval. CDU:s partiledare Annegret Kramp-Karrenbauer, som nyligen tog över efter Angela Merkel, menar att ledningen i Thüringen agerat "uttryckligen mot våra rekommendationer, krav och vilja från förbundsnivå".

Hårdast i sin retorik var kanske CDU:s generalsekreterare Paul Ziemiak:

"CDU har alltid klargjort att vi inte tänker ha något som helst samarbete med AfD. FDP leker med elden och har satt Thüringen och hela landet i brand. Valet idag splittrar vårt land och för oss inte närmare varandra."

Demonstrationer i Berlin mot valresultatet
Under onsdagskvällen har flera hundra personer samlats utanför FDP:s partihögkvarter i Berlin för att protestera. Tal har hållits av företrädare för Socialdemokraterna, Die Linke (före detta kommunistpartiet) och De Gröna. Flera talare har dragit paralleller till Adolf Hitler, och slagord om att FDP har förrått landet och demokratin har ekat mellan fasaderna.

Det som utspelar sig i Thüringen är av högsta intresse. Detta trots att AfD inte har någon regeringsplats än, och det till och med finns en risk att Kemmerich bildar regering med sossar och miljöpartister i slutändan. Men reaktionerna från de politiskt korrekta, och det historiskt tabubrytande som skedde i Thüringen denna onsdag, kan få ordentliga effekter i Tyskland de kommande åren.

EVA-MARIE OLSSON
6 februari 2019

"Varför utsätter du dig för detta?" frågade polisen

Tar man protesterna till gatan som vår krönikör med jämna mellanrum gör, så får man tyvärr räkna med att utsättas för brott. Tyvärr måste man också – tydligen – räkna med att polisen frågar varför man gör det. Ergo: varför sitter du inte hemma och håller käft istället?

Ibland blir man så himla irriterad på sig själv, något som jag retar mig på är när man kommer på vad man skulle säga, men för sent. Man kan komma på det allra bästa svaret flera dagar senare som det egentligen borde levererats, eller exakt i den stund man lägger på telefonluren och personen i andra änden av tråden redan glömt att man ringt.

Ett sådant tillfälle med försenad bästa svarsleverans hände för någon vecka sedan. Jag hade fått brev. Två kopior på polisanmälningar jag gjort låg i min brevlåda, och som icke förvånande fick polis på brottsscenen inte till dessa anmälningar på ett korrekt sätt utan jag kände mig tvingad att få till stånd korrigeringar. Ett litet uppehåll i berättelsen. Man blir så trött.

Och vad ska det egentligen tjäna till att polisanmäla när vårt samhälle mer eller mindre gett carte blanche åt vissa personer och grupper när de gör orätt mot en helt vanlig svensk? Kan tänka att flera av er som läser sitter och blir irriterad för att man varit där själv, vad ska det tjäna till? Sen tar man i alla fall tag i det fast man vet att det inte kommer leda till någonting mer än att man slösar bort timmar på något som egentligen aldrig skulle ha hänt.

Vi svenskar har blivit lärda och uppfostrade med att det ska vara rättvist, och såklart får ingen råna eller attackera dig, det sitter i ryggmärgen. Men, om du fysiskt blir utsatt av någon då slår du tillbaka och försvarar dig för det är din rättighet, eller som i mitt fall gör ett överslag och tar i krasst beräknande att om du "hoppar på" den som betedde sig mot dig, då blir samhällets dom hård, mot dig ifall om de som attackerade dig tillhör nya "adeln" eller maktens gunstlingar och favoritmedborgare.

Vilka är då statens favoritmedborgare? I vårt land råder "religionsfrihet" och svenskens Gud heter som de flesta av oss vet Värdegrunden. Denna Gud finns inte i himlen utan mitt bland oss och har tagit skepnad som "goda" apostlar med politiska värderingar från rött till blått. Tillsammans över partigränser och enade med det allt större aggressiva högljudda nytillkomna bihanget från Mellanöstern sägs det att makten värderar oss alla lika, fast i realiteten väldigt olika. Det finns de facto de som är riktigt mycket mer lika värda enligt det första budordet "allaslikavärde" och det kommer allt som oftast i synlig dager då svensken behandlas som andra klassens medborgare i Sverige, av andra svenskar.

Hur som, vi lämnar Värdegrundsguden och fortsätter då man går där några dagar efter händelsen och till och från funderar på ett alternativt scenario, ett scenario där man själv klarade upp situationen. Pulsen ökar vid den angenäma tanken på att själv skipa rättvisa direkt på plats. I dagdrömmar ser man sig själv ha en otrolig reaktionsförmåga, mod och muskler att kunna visa var skåpet ska stå. Pang, bom och tjoff. Några morgnar efter attacken vakande jag mitt i en dröm där jag drämde kudden hårt i sängen och gav en rak höger, jag var så arg.

Sen har vi verkligheten att ta i beaktande, där satt jag i telefonkö för att komplettera och rätta två polisanmälningar mot islamister som gjort mig illa. Med en dåres envishet fick jag uträttat det som var syftet med mitt telefonsamtal. "Varför utsätter du dig för detta?", sa den polisanställda då jag berättade precis så som det var, att jag känt dödsångest under islamist-attacken.

Ja vad svarar man på det, jag blev lite paff och fann mig inte. Vad jag skulle vilja ha sagt är: "Det är inte jag som utsätter mig för detta, det är politiker med makt som i decennier genom folkföraktande politiska beslut utsätter sitt eget folk för faror. Bjuder man in Mellanöstern och Afrika, då får vi Mellanöstern och Afrika. Och inte är det väl meningen att vi svenskar ska stanna hemma, eller stryka längs med väggarna som något som inte vill synas?"

Mitt råd är precis tvärt om, ta plats och kaxa upp dig. Hitta vänner som du kan promenera med, vi ska stå och prata precis där vi känner för det, om det så är mitt i byn där mohammedanerna har styrke- och dominansmöte. Såklart ska vi svenskar inte rösta på partier och politiker som vill oss illa. Sluta gå längs med väggarna, börja istället att ta ton, helst vid rätt tillfälle! Kämpa!

MAGNUS SÖDERMAN
7 februari 2019

Kan barnen förlåta Anders Lindberg?

Under rubriken "De rånade barnen förlåter oss aldrig" skriver Aftonbladets Anders Lindberg om våldet och otryggheten för barn och ungdomar i Sverige. En känga delas ut till politikerna då han frågar om offren kommer förlåta makthavarna i framtiden. Sin egen skuld tar han dock inte ansvar för.

Aftonbladets ledarsida är "oberoende socialdemokratisk" och en av deras mest namnkunniga skribenter är Anders Lindberg. Han har formligen stått för en kavalklad av vänsterliberal samhällsanalys och varit en av de flitigaste påhejarna av den politik som drivits i landet under den tid han hittills varit verksam. Öppna gränser, minoritetsvurma, antinationalism, normkritik, feminism och så vidare är hans kopp te.

Anders Lindberg är en makthavare av rang i Sverige. Ibland kanske vi avfärdar honom – och sådana som honom – lite för lättvindigt. Kommentarer till hans utspel brukar följas av "vem bryr sig om honom" eller dylikt. Ja, vem bryr sig om honom: ledarskribenten på en av Sveriges största tidningar och ständig gäst i debattprogram – vem bryr sig? Många bryr sig. Den plattform Lindberg arbetar från är en av de största i Sverige. Bara för att man själv, och rent subjektivt, avfärdar honom betyder det inte att han kan – eller ska – avfärdas. Gång efter annan har Anders Lindberg avslöjats med regelrätta lögner i sina texter. Om och om igen försvarar han angreppen mot svenskarna och gång på gång väljer han främlingarna före sina egna. Han gör det oblygt. Han är stolt över det. Lindberg är vänsterliberal och omhuldar idén om tabula rasa med en pur materialistisk grundsyn som fundament. Man kan inte vara som han är utan att skriva, tycka och tänka som han gör. Mellan nationalisten och honom är avgrunden.

Därutöver är Lindberg en förkämpe för makten. Hur oberoende än ledarsidan säger sig vara är det uppenbart att tidningen är en taltratt för socialdemokratins vänsterflygel, även om man undviker att vara alltför tydlig med de. I grunden accepterar de, precis som S kärnväljare, att man dagtingar med påstådda principer bara för att gripa (eller behålla) makten. Kort sagt gör man allt man kan för att upprätthålla systemet och den förda politiken. Och man gör det i kraft av den makt man förfogar över som en av Sveriges största tidningar.

Med den utgångspunkten måste man läsa Lindbergs text om huruvida de rånade barnen kommer att förlåta "makthavarna". Ett är säkert. Han själv ser sig inte som en av de i behov av att bli förlåtna. På klassiskt vänstermanér är den "någonannan" som är ansvarig:

"Ungdomar som växer upp utan framtidshopp och möjligheter hittar förebilder i kriminella kretsar och formar löst sammansatta gäng utanför samhällets normer och regler. Det är hela samhällets misslyckande, från skola och socialtjänst till polisen."

Lindberg ids också leverera några hemsnickrade lösningar. I princip inget vi inte hört förr, men en liten överraskning kommer han med:

"Det fjärde är faktiskt något så banalt som att ha tålamod. Enligt Stefan Hector kan det ta tio år att få bukt med sprängdåd och grovt våld. Det samma gäller sannolikt ungdomsrånen. Politikerna måste orka fortsätta med både hårda tag och förebyggande åtgärder för lång tid framöver och det sker bäst i samarbete över blockgränsen."

I klartext: det är inte den politik han själv företrätt och applåderat år ut och år in som är boven, utan det är "samhällets misslyckande". Har han lärt av Löfven månne, att "vi varit naiva". Varje gång något går bra för makten är Lindberg där och påpekar att det minsann är deras politik som ordnat upp det. Och varje gång saker går åt skogen är det "någonannans" fel.

Lindberg passerar här anständighetens gräns. Ett litet uns av självinsikt hade varit klädsamt. Ett litet erkännande inför elefanten mitt i rummet är påkallat. Det går knappt att tänka tanken att han på riktigt är så okunnig om effekterna av den politik som förts att fritidsgårdar, insatser från socialtjänst etc. skulle kunna vara lösningen.

Men inte ett enda ord om det.

Där står elefanten och svänger med snabeln så möblemang, innerväggar och golvlister smulas sönder. Bredvid, Anders Lindberg som menar att det i själva verket är den elaka hyresvärden (privat såklart) som använt en för billig spik ... eller liknande. Bagdad-Bob Lindberg har inte ett gram skam i kroppen.

Jag är en varm anhängare av förlåtelse. Då och då behöver jag bli förlåten för saker jag sagt eller gjort; med jämna mellanrum måste jag förlåta andra för deras dumheter. Förlåtelsen är en gudagiven hörnsten i varje civiliserat samhälle. Att säga att något är oförlåtligt måste man vara sparsam med, det är ett tungt ställningstagande.

Anders Lindberg har rätt i att de svenska ungdomar som råkar illa ut på grund av mångkultursdogmen och massinvandringspolitiken aldrig kommer förlåta de ansvariga. Bland andra kommer de inte att förlåta Lindberg et consortes. Och det är inte mer än rätt.

JOHAN SVENSSON
8 februari 2019

Svenskarnas stad

Staffanstorp, i en nära framtid. Efter slaget vid sockerbruket har kommunen helt slagit sig fri från AB Sveriges klor och fungerar nu som en egen stat. En stat som snabbt rensat ur oönskade element, deporterat främlingar på löpande band och som precis ska inviga den toppmoderna avrättningsplatsen. GESTAPOs fångtransporter är redan fyllda med med dödsdömda förbrytare, NSDAP har folkets förtroende och på gatorna ser SS-trupper till att invånarna kan vara trygga...

Sonny Magnusson gick ner för korridoren i kommunhuset. De svarta ridstövlarnas klackar slog hårt i stengolvet och ekade mot väggarna. Väggarna ja. De var täckta av porträtt av forna tiders stora ledare, mestadels från Tyskland, Italien och Spanien under 1900-talets första hälft. Inspirerande, tyckte Sonny. I slutet av korridoren nådde han konferensrummet och slog upp dess tunga ekdörrar. Männen som satt samlade runt bordet ställde sig upp i givakt när Magnusson tågade in och höjde högerarmarna i hälsning.

– Lediga, sa Magnusson välvilligt och alla satte sig ner.

Han slog sig ner vid högänden och rättade till den svarta slipsen som matchade uniformen. Alla kommuncheferna var likadant klädda. Svarta uniformer, vita skjortor, svarta slipsar och välputsade ridstövlar. Runt vänsterarmen hade de en röd bindel med en stor vit cirkel och i mitten av den vita cirkeln en stiliserad spettekaka i svart med vit kristyr.

– Härmed förklarar jag Staffanstorps kommunstyrelses möte öppnat, sa Magnusson och bankade ordförandeklubban i bordet.

Det var ett vanligt veckomöte och de goda rapporterna strömmade in. Bygget av ringmuren fortskred enligt plan. Upphandlingen av vakttorn gick bättre än väntat och man hade hittills lyckats kapa projektkostnaden med fem procent mot budgeterat. Kommunen var nu till 97 procent etniskt homogen och utflyttningskammaren hade avhyst de sista afrikanerna denna vecka. Magnusson var vid strålande humör och tände sin pipa.

– Hur går det med den nya utbildningsplanen? frågade han utbildningsbyråns Obersturmbahnführer Sträng och satte monokeln till ögat när han granskade pappren på bordet framför sig.

– Den nya planen tas i bruk nu till höstterminen 2026 mein Führer, svarade Sträng. Rekryteringen av nya lärare till grundskolan genomförs i detta nu.

Magnusson tog leende monokeln från ögat, lutade sig långt tillbaka i sin stol och lade nöjt upp de blanka ridstövlarna på bordet framför sig.

– Allt fortskrider som jag har förutsett, sade han med ett flin och brast sedan ut i ett kacklande skratt medan han lät blicken vandra över den samlade skaran av chefer.

De stämde högljutt in i skrattet och polischefen Brutus Lönnfalk, ledare för GESTAPO (Gemensamma Säkerhetsavdelningen och Staffanstorps Polisväsende) satte upp en bordsflagga med Staffanstorps vapen på bordet. Stadsbyggnadskontorets Oberleutnant Spjuut pluggade in hårfönen i väggkontakten och satte vind i baneret. Flaggans stegrande lejon vajade stolt i den varma brisen.

Mötet rundades av på sedvanligt manér genom att Magnusson satte upp vevgrammofonen på bordet och alla stämde in i ”Staffanstorp über alles” med sina lungors fulla kraft.

Kommunstyrelsens ordförande var på strålande humör. Han gav sig ut i solskenet för att ta sig en promenad genom staden. Överallt träffade han på glada vita människor som hälsade på honom och han hälsade nådigt tillbaka genom att sätta ridpiskan mot den svarta uniformskepsens brätte. Tänk hur väl allt hade gått, myste han. Allt började med en simpel översiktsplan och gated communities. Tillströmningen av byggherrar och köpare hade vida överträffat alla förväntningar. Inflyttningen av kapitalstarka människor hade gett kommunen en ordentlig ekonomisk schvung och resten var historia. Nu var NSDAP, Nya Staffanstorps Demokratiska Alliansparti, den styrande kraften i kommunen efter att Magnusson och hans kollegor lämnat de gamla partierna bakom sig och slagit sina påsar ihop för att bilda detta extremt framgångsrika lokalpatriotiska och secessionistiska parti.

Visst hade det klagats och svartmålats i media men pengar ljuger inte. Staffanstorps attraktionskraft var bevisad och det var både väntat och efterlängtat när kommunen utropade sin självständighet. AB Sverige hade skickat trupper men dessa

LGBTQZÅÄÖ-certifierade veklingar var ingen match för Staffanstorps vaktbolag. Efter den förkrossande segern vid Staffanstorps Sockerbruk säkrade man sin själv- ständighet och trakasserades inte längre av Stockholm. Med veteranerna från detta avgörande slag bildades Staffanstorps Sockerbruks Bataljon, SS-Bataljonen i folk- mun, och rekryterade nu de bästa soldaterna från hela Sverige.

Magnusson log vemodigt vid minnet och en tår rullade ner för kinden när han passerade monumentet för de som stupade vid sockerbruket. AB Sveriges dildovif- tande och regnbågsuniformerade trupper hade brakat in i de modiga unga männen i mitten av den Staffanstorpska formationen. Men genom sina uppoffringar hade de köpt tid för resten av kommunens trupper att flanka dildokratins frontsoldater och slutligen krossa dem i en kniptångsmanöver. Han vände sig mot lunden och hedrade dem i tyst givakt.

Han vandrade vidare i solskenet och kom fram till de gamla tennisbanorna. Dessa hade fått stryka på foten till förmån för en toppmodern avrättningsplats som höll på att byggas i detta nu. Automatgalge, dubbelgiljotin, tågvagnar som körde in i en stoppkloss och dumpade de dömda rakt in i en kremeringsugn – det hade kostat en slant men där skulle finnas kul för hela familjen att titta på när folkförrädarna ex- pedierades. Den nya tennishallen, som byggdes av straffarbetare innan de avhystes från kommunen, skulle mer än väl kompensera för de banor som hade funnits här. Tennis var viktigt, det är ju trots allt en av de vita sporterna och var därför mycket populärt i kommunen numera.

På tal om förrädare rullade GESTAPOs fångtransport förbi byggarbetsplatsen. Harry Guldsten, redaktören för Staffanstorpsbladet, en oppositionell lokaltidning som nu lades ner, stirrade ut genom det gallerförsedda fönstret mot avrättningsplat- sen och bleknade betydligt när han fick syn på Magnusson. Magnusson vinkade glatt mot honom. På söndag skulle anläggningen invigas med Guldstens avrättning. Magnusson kastade huvudet bakåt och skrattade högt mot den blå himlen. Det var en underbar tid att leva!

Woldemort Peterskiej, chefredaktör för Dagens Dumheter, vaknade med ett skrik och satte sig kapprak upp i sängen. Det var tyst och mörkt i lägenheten. Söder- malmstrafikens tysta brus hördes från gatan nedanför. Hjärtat bultade och sängen var blöt av svett. Woldemort reste sig upp och stapplade ut mot paradvåningens badrum. Samma dröm igen. Han hävde i sig ett glas vatten och såg sig i spegeln. Han såg blek ut i badrummets ljus och hans tunna kropp med dess kantiga drag såg nästan sjuklig ut.

Woldemort svepte en badrock om sig och gick över knarrande golv bort till arbets- rummet. Han fällde upp locket på laptopen och öppnade upp ett nytt dokument. Han måste hindra det. Skulle hindra det. Det skulle inte få ske. Fascismen utbred- ning måste stoppas! Denna söndags krönika skulle vara det magnum opus han alltid drömt om att skriva för att sätta in en sista förtvivlad dödsstöt mot syndafloden av populism och högerextremism. Alla skulle lyssna. De måste lyssna. Annars… Woldemort rös vid tanken på vad som annars skulle hända. Han började skriva.

"Det var så här det började på 30-talet…"han gjort för kvinnor i arbetslivet kan inte de feministiska demokraterna ändå med att applådera. Bara när det handlar om svarta minoriteter eller annat som verkligen faller dem på läppen så slår de slappt ihop händerna.

MAGNUS SÖDERMAN
10 februari 2019

Svenskar inte rasister om kineser klagar

I coronavirusets spår läser vi både här och där om att asiater i allmänhet och kineser i synnerhet känner sig diskriminerade. Vid åsynen av en asiat i det offentliga rummet vänder folk sig om med oro i blick. Rasism säger Kinas ambassadör. Inte alls, kontrar systemets apologeter. Förvirrande tänker andra, som är vana vid att de mest fantasifulla historierna passerar som sanning i vanliga fall.

Kinas ambassadör i Sverige, Gui Congyou, säger att kineser i Sverige diskrimineras. Skolbarn får höra att de ska undvika sina kinesiska klasskamrater och till och med lärare instruerar att man inte ska vidröra kineser. Också kinesiska restauranger får nu omdömen på nätet som gör gällande att man får coronaviruset om man äter där. Ambassadören kräver att svenskarna nu tar i med krafttag mot denna rasistiska pest som plågar landet:

– Jag uppmanar svenskar i allmänhet att fördöma den här rasismen och uttryckligen säga ifrån. I Sverige är rasism olagligt, och jag hoppas att den svenska allmänheten öppet kan deklarera sitt motstånd mot sådana olagliga beteenden, säger han till TT.

Kinesisk propaganda
Svenskarna kan nog andas ut och inte känna sig rasistiska i övermått. I alla fall om vi ska tro journalisten Patrik Oksanen. I vanliga fall är han aktiv i Rysslandsfrågan, men han har dock ett och annat att säga om Kina också. Oksanen menar att kineser har en del att vinna på att framstå som offer för rasism, och säger till Expressen:

– Det här är ju en kopia på en klassisk rysk metod: att måla ut grupper som är kritiska mot Kreml som russofober. Det tjänar två olika syften. Dels är vi känsliga för rasismanklagelser och backar gärna ett halvt steg. Sedan är det också ett budskap till hemmabefolkningen: Västvärlden är inte så trevliga minsann, och ni ska nog vara rätt nöjda med det Kina ni har.

Med det inte sagt dock att det kan förekomma rasism mot kineser. Oksanen igen:

– Människor säger dumma saker. Barn säger dumma saker. Man att utifrån det agera på det som ambassadören gör är ett ganska stort steg. Vi har aldrig sett en finsk ambassadör protestera i offentligheten för att barn med finsk anknytning har fått höra att de är finnjävlar och knivfinnar och annat.

Svenskar inte alltid rasister

Det rimliga är att ge Oksanen rätt i detta fall. Att det skulle pågå någon hatvåg mot kineser i Sverige är inte troligt. Troligt är det dock att barn sagt något elakt till valfri kines, alternativt att en hostande asiat av valfri härkomst funnit sig ensam i en trång tunnelbana. Men det är inte rasism. Det är normalt mänskligt beteende, speciellt när kopplingen mellan Asien och coronaviruset är självskriven. Det vore inte ens underligt att antaga att Gui Congyou själv skulle flytta sig på behörigt avstånd från en landsman som håller på att hosta lungorna ur sig i postrummet på ambassaden.

Kinas anklagelse bygger på berättelser från kineser i Sverige som hört av sig till Kinesiska riksförbundet med sina berättelser om rasism de utsatts för. Mer än så finns inte att ta på varför vi kan fråga oss om dessa kan tagas som sanningsvittnen. I somliga fall har det säkert skett som de säger, i andra fall inte. Vidare berättar en familj till TT att deras barn kallats "virus" bland annat. Åter igen så kan det vara sant, eller inte. Vi vet helt enkelt inte. Men vi vet att systemets trogna inte kallat till demonstrationer mot rasism (ännu i vart fall) där alla ska äta en skål med ris i solidaritet (jämför med "Hijabuppropet" eller liknande spektakel).

Hatet som inte passar in

AB Sverige och Kina är inte bästa vänner just nu och därför kan alla som i vanliga fall inte försitter en chans att ondgöra sig över svensk rasism göra som de brukar. För hur brukar det låta? De mest fantasifulla berättelserna lyfts fram i kvällspressen eller hos public service. Svarta barn får mjölk kastade över sig eller så träffar samiska aktivister på gäng av skinheads (med bombarjackor och tygmärken) i löpspåret. Ibland är det muslimska kvinnor som får sina hucklen avdragna för att andra gånger få höra okvädningsord av rasister på fullsatta tunnelbanetåg (ingen tar dem i försvar).

Somliga berättelser vi får oss till livs handlar om svenskar (oftast är de journalister eller vänner till sådana) som griper in när de ser rasister bete sig illa. Det är riktigt hjältemodiga berättelser från vardagen som dyker upp. Men de historier som tar alla priser kommer från Alexandra Pascalidou eller Linnéa Claeson. Dessa båda kvinnor kan inte gå utanför dörren utan att rasister, kvinnohatare eller homofober flockas kring dem och spyr ut sitt hat. Att de motbevisas gång efter annan, eller att de inte har några vittnen, eller att händelserna är fysiskt omöjliga att kunna äga rum som berättat spelar ingen roll. De är sanna, punkt slut.

Men inte när det gäller kineser alltså. Då är det nämligen en politisk agenda som ligger bakom. Oksanen berättar hur han tänker:

– Vi har hört en rad tuffa, konfrontativa uttalanden från den kinesiska ambassadören i Sverige den senaste tiden. Det här ligger i linje med att Kina nu ökar sitt tryck och försöker etablera sig som en större makt. Då testar man det här spåret för att se om det är en framgångsrik väg.

Fler kan ha egna agendor
Är lögn eller överdriven propaganda bara något vi kan tillskriva Kina (eller Ryssland)? Etablissemangets lojala verkar i alla fall mena det. Kanske har vi alla missat hur Patrik Oksanen ställt sig på barrikaden och fördömt "afrosvenskar", romer, samer, muslimer eller hbtq-personer som kräver att deras fantasier ska tagas på allvar. Är det omöjligt att tänka tanken att också andra grupper, låt oss säga romer i Sverige, skulle kunna tänkas resonera likadant som kineserna? Eller kanske att en feministiskt aktivist som faktiskt inte blir tafsad på påstår sig ha fått en dick-pick innan det fans möjlighet att skicka bildmeddelanden på mobiltelefonen?

Så klart inte.

Det är fullkomligt självklart att lögner och propaganda används mot oss. Det är långt mycket mer rimligt än att gamla övervintrade skinnskallar skulle dyka upp i joggingspåret när en kultursame är ute och springer. Vi kan, utan att riskera att överdriva, hävda att 99 gånger av 100 är dessa vittnesmål om svenskarnas rasism påhittade. Svenskar i gemen är inte sådana som vi målas upp i dessa amsagor. Vi säger knappt vad vi tycker till våra närmaste, än mindre i offentligheten.

Kanske är det en del av problemet. En kättersk tanke om någon. Kanske det vore till vår fördel om vi alla vi varje givet tillfälle lät de tänkta tankarna bli ord istället? Det kan resoneras kring. Däremot är en sak säker. Kina driver propaganda mot oss och låter inte sådant som sanning stå i vägen. Det gör också Claeson, Pascalidou och varenda "rasifierad" toka därute. De vänsterblivna stämmer in i lögnkören och såväl kvällspress som public service gör vad de kan för att sprida det vidare. Att anklagelserna om svenskarnas rasism bara är propaganda bevisas tydligt av att narrativet ändras när det inte passar makten. Det är värt att ha i åtanke.

JALLE HORN
11 februari 2019

Tysk polis: förbered er för strid

Ett par historier berättade av en tysk polis visar vikten av att vara inställd på strid när det behövs, istället för att jamsa med och låta sig förnedras av invandrare. Äntligen en polis som uppmanar människor att göra motstånd!

Genom bekanta träffade jag nyligen en tysk polis som berättade skrämmande historier för mig. Den ena handlade om ett par som fick för sig att tälta i en park eller vid en badplats eller något liknande allmänt område. Det kändes kanske lite busigt eftersom det inte finns någon allemansrätt i Tyskland. Man får bara tälta i egen trädgård och på campingplatser.

Men som så ofta i våra horribla tider så slutade buset förstås i katastrof. En invandrande man gick förbi och såg sin chans till djävulskap. Med sin kniv skrämde han bort mannen och våldtog kvinnan. Men vad gjorde kvinnans man egentligen när han blev så skrämd? Tog han en joggingrunda på den mörka mannens inrådan, eller vad? Stod han bara petrifierad och såg på?

Polisen som berättade menade att han någon gång väl kunnat ingripa. Hittat ett tillhygge i form av en gren eller något och drämt till våldtäktsmannen över skallen. Helst borde han ha visat sig på styva linan från början, men det kan vara för svårt för vem som helst. Men den mörkhyade måste åtminstone mitt under våldtäkten ha varit försvarslös ett ögonblick, och då kunde han väl ha agerat till sin kvinnas försvar.

Det kunde för övrigt ha varit vem som helst som blivit våldtagen. Någon reaktionsförmåga har väl vanliga människor, tyckte polisen. Och jag kunde förstås inte annat än hålla med. Men mannen lät det hela pågå till det bittra slutet varefter den mörkhyade fick smita iväg – med kvinnan i fruktansvärda plågor på marken och mannen med all världens skam i själen.

Polisen sade sig veta hur det gick längre fram i tiden. Kvinnan lämnade honom förstås snart. Och givetvis har båda två oläkbara sår i sig.

Senare berättade polismannen en annan historia. Han blev kallad till en brottsplats. På kvällen hade några ungdomar, sexton- sjuttonåringar, haft en lustig kväll i parken med öl och skratt. I Tyskland får man köpa öl i affären vid sexton års ålder. Några av ynglingarna var tjejer, men det var mest grabbar. Allt som allt var de tydligen sjutton stycken som hade skoj. Och klockan var inte tre på natten än, så killarna hade inte blivit fulla och odugliga, om det nu var deras vana.

Givetvis ska festen förstöras. Det hör vår tid till. Två – jag säger det en gång till: två – invandrare kommer förbi festligheten med dragna knivar. Två unga killar, inte några trettioåriga karlar! Invandrarna, berättade polisen för mig, krävde ungdomarnas pengar och mobiltelefoner. Kanske ölen också, vad vet jag. Och ungdomarna visste inte vad de skulle ta sig till – annat än att lyda order och ge rånarsvinen det de begärde.

Kanske missade invandrarsnorisarna en mobil, för de tyska ungdomarna lyckades snart kontakta polisen, som snabbt kom förbi. I Tyskland finns det nämligen långt fler poliser än i Sverige. En av polismännen var han som berättade det hela för mig.

Intressant nog frågade han de unga killarna vad i helvete de höll på med. Varför i all världen gav de bort sina värdesaker till två stycken – jag upprepar antalet precis som den tyske polisen gjorde för mig: två stycken – snorungar? Bara för att de hade kniv? Blev de förstelnade av skräck för ett par killar från "orten"? För bövelen, berättade polisen i affekt för mig, och han sade att han verkligen fräste åt de unga killarna, de hade ju ölflaskor i händerna varenda en.

Hur hård är inte en ölflaska? Får du in en helträff med en halvlitersflaska kan du sänka vem som helst. Och drar du till flaskan mot en sten så har du ett spetsigt vapen. Och om vi räknar bort tjejerna så var de cirka tio tolv killar – med lethal weapons – mot ett par låtsaskaxiga snorvalpar. Polisen skällde kort och gott ut de tyska ungdomarna efter noterna.

Hur kunde de låta sig förnedra sig på det sättet? Hur kunde de ge bort sina saker inför sig själva och brudarna? Var det ingen av dem som sa: "Ä va fan killar, de är ju bara två, nu ger vi kräken ordentligt vad de förtjänar", spräckte sin ölflaska och aggressivt började gå mot de två mörkhyade banditerna. Hur mycket kniv mörkermännen än hade. Han hade ju på nolltid fått med sig hela gänget. Och invandrarkidsen hade sprungit därifrån med svansen mellan benen.

Men det hände inte…

Polisens kunde inte förstå det hela. Han hade själv varit ung, inte alls någon adrenalinstinn näsknäckare utan bara en vanlig tjomme. Men han hade aldrig, menade han, aldrig i livet låtit det hända. Den naturliga reaktionen hade sagt ifrån eller snarare tagit överhanden. "Vilka i helvete tror ni att ni är?" Så skrek han åt de tyska ungdomarna att de skulle säga och helt sonika skrämma bort svinen med viftande ölflaskor istället för att själva bli skrämda.

Det är två sorgliga historier eftersom de visar hur knäckta vanliga tyska män har blivit. Den naturliga reaktionen har på något sätt försvunnit. Aggressiviteten som kommer i och med adrenalinet verkar vara spårlöst försvunnen. Vågar ingen försvara sig och de sina längre? Tappar ingen kontrollen längre och ger sig in i striden på vinst och förlust?

Jag ser framför mig en svensk video som just varit i omlopp p.g.a. alternativmedias rapportering. Några invandrarkids vevar kniv mot ett par svenska ungdomar på en hamburgerrestaurant på natten och får tydligen in några hugg. Någon lyckas filma bråket – där svenskarna tack och lov försvarade sig väl varmed de mörkhyade snart stack – och ropar: "Vad är det som händer, alltså det är inte klokt" eller något liknande. Men varför i Guds namn ger han och polarna sig inte in i situationen för att värna den som blivit attackerad? Och alla andra? Folk går förbi kurret som om inget händer.

Jag förstår ingenting. Om man aggressivt, allt enligt den naturliga reaktionen, börjar skrika vad i helvete det är som pågår och reser sig från sitt bord, ja då kommer andra att göra detsamma. Bråkstakarna kommer därmed snabbt att dra sin kos. Eller har jag missat tio år då icke-reaktionen har blivit det normala tillståndet?

Man kan inte begära allt från var och en. Jag vet själv i ärlighetens namn inte hur jag skulle reagera i situationerna i fråga. Och ibland och för vissa är det kanske omöjligt med annat än att följa hatfull order. Samtidigt med hamburgerincidenten har en annan video redovisats där ett par kräk, betydligt yngre än svensken ifråga, fullständigt förnedrar en svensk tonåring medan de filmar det hela. Här kan det bara vara så att svensken inte klarade av att ingripa till sitt försvar. Kanske var han efterbliven, kanske var han i chock.

Den tyske polisens huvudskakningar över tyska mäns förlorade reaktionsförmåga stämmer även väl in på många svenskars i det nya Sverige, förstörda av hatfulla politiker, journalister, myndighetspersoner – och poliser som råder en att inte göra motstånd eller annat som kan gräma invandrarbrottslingen i fråga och som kanske rent av menar att invandrarförövaren är det riktiga offret.

Historien om den tyske polisen har dock en ljus sida. Polisen visade knappt medlidande med mannen som låtit sin kvinna bli våldtagen. Och han skällde ut de sjutton tyska ungdomarna som låtit sig rånas utan minsta förmåga att försvara sig trots gigantiskt numerärt överläge. Han undervisar således sina medmänniskor vad de måste göra när fara hotar. Att de måste reagera och agera. Allt annat innebär katastrof.

Polisen jag träffade var helt uppenbart ingen rasist, inte ens politiskt nationalist, verkade det som. Han skulle med sin poliskänsla alltid ställa sig på offrets sida mot förövaren Men han hade så många gånger sett vad invandrarbuset gör, och att historien om förövare och offer i vår tid nästan alltid uppvisar samma mönster.

Men det skulle inte vara så om vanliga tyskar och svenskar bara kunde skrika eller drämma till någon gång. Det var i all fall den tyske polisens råd. Jag hoppas att det finns sådana poliser i Sverige.

MAGNUS SÖDERMAN
13 februari 2019

Analys: SAS kraschlandar och förstår inte varför

Inget är skandinaviskt. Ergo: det finns inget svenskt, norskt eller danskt. Allt har kommit utifrån. Det är budskapet i SAS reklamfilm "What is Truly Scandinavian" som dök upp så här i början av februari. Reaktionerna lät inte vänta på sig och i efterdyningarna av dem finns det flera saker att titta närmare på. Det hjälper oss nämligen att förstå vår samtid.

Låt oss börja med filmens budskap, som SAS fortsatt står bakom enligt ett uttalande. I samma uttalande definierar man att budskapet man stödjer "handlar om att resor berikar oss". Visst kan man diskutera hur sant det påståendet är, men det tassar in på filosofins område så vi lämnar det. Däremot är det tydligt för var och en som sett filmen att budskapet faktiskt är ett annat. Nämligen: "det finns inget unikt skandinaviskt och allt som vi stolt ser som vårt kommer egentligen någon annan stans ifrån".

Sant men också falskt
SAS tassar in på ett intressant område här, nämligen det som handlar om de olika människorasernas bidrag till världen. För visst är det så att allt vi ser som svenskt – eller skandinaviskt – har kommit utifrån. Under den senaste istiden så var vår del av världen täckt av is, varefter människor vandrade in medan isen drog sig tillbaka – vandrade in söderifrån kan tilläggas, till samernas förtret. Dessa människor som vandrade in, samt de som fyllde på i omgångar därefter, är grundplåten till dagens svenskar, norrmän och danskar. De var vad vi idag skulle kalla för européer, framförallt germaner – eller med andra ord, vita människor. Dessa hade sedermera kontakt med andra folk och lärde sig ett och annat (samtidigt som de lärde ut en del). Framförallt hade man kontakt med andra europeiska folk. SAS tar upp demokratin, som kommer från antikens Grekland – alltså vita européer. Och så fortsätter det. Förstår man inte rasfrågan så förstår man inget alls och "allt handlar om ras" (som Benjamin Disraeli sa).

Lång senare, när vi germaner bott in oss i Sverige så tar den faustiska anden oss i besittning och vi reser ut i viking. Vi tar oss bortom Europas gränser och träffar alla möjliga folk. Vi inspireras och inspirerar. Visst har vi plockat hem kulinariska läckerheter och intressanta tekniker från bortom Europas gränser. Visst har vi inlemmat en hel del och gjort det till en del av oss. Det är sant och visst.

Men i grunden finns något som är genuint vårt: vår ras och den kultur som springer ur denna. Kulturen är rasen sedd utifrån medan rasen är kulturens innersta väsen. Detta är inte något som SAS reklambyrå vet ett dyft om, kan tilläggas. Inte många andra heller, som tror på "öppen svenskhet" och annat trams. Men man behöver inte "veta" det för att reagera, vilket är orsaken till att så många reagerar ilsket mot SAS budskap.

Bubblan bestämmer allt
När SAS publicerar reklamfilmen så missbedömer de flera saker. Framförallt missbedömer de värdet av sitt "vakna kapital". I deras värld, som inte sträcker sig utanför styrelserummen, börsen och de viktiga affärsresenärerna, är det rätt och riktigt att basunera ut den konsensus de tror vara rådande. De vill positionera sig med makten utan att förstå att makten sitter löst. Nog trodde de att somliga ("de korkade rasisterna") skulle bli arga, men varför bry sig? De är ju ändå maktlösa förlorare, för det berättar DN för dem. De lever i en inavlad värld och deras reklambyrå på Södermalm (eller motsvarande) gör det likaså.

Därför kraschlandar man. Haveriet är ett faktum. Att man inte begriper varför blir tydligt i samma stund som bolaget plockar ner filmen och skriver:

"När vi tittar på mönstret och antalet reaktioner på vår film finns det anledning att misstänka en attack och att vår kampanj har blivit kidnappad."

Snart nog får man stöd från gammelmedia som kommer fram till att det är… Ryssland som egentligen ligger bakom allting. Ryssland och två twitterkonton. Vad annars skulle det kunna vara? Inte kan det vara så att folk i gemen blir arga, ledsna och förbannade när deras ursprung gruppvåldtas av globalister?

Bäst exempel på hur frånkopplade från verkligheten dessa människor är ger oss Mathias Cederholm, researcher och utbildare vid företaget Allefonti, som säger detta till Aftonbladet, efter att ha berättat hur informationen om SAS film spridits på nätet:

– Ett allmänt råd är att vara försiktig med vad man delar. Lite källkritik är alltid bra.

Kan man vara mer källkritisk än att se filmen, dela den och tycka till?

De förstår verkligen inte att vindarna vänt. SAS tog ned filmen och nu har en ny dykt upp. Där har man klippt bort en hel del från den första filmen. Så var det tänkt hela tiden, menar SAS. Danska Ekstrabladet har pratat med SAS och till skillnad från svensk media går de på och kräver svar:

– Men det forvirrer tydeligvis folk på jeres Facebook-profil, hvilket budskab I har. I den første video mener I, at absolut intet er ægte skandinavisk, mens I trækker på skuldrene over spørgsmålet i den næste. Mener I stadig, at absolut intet er skandinavisk?

– Men det, som er vigtigt at forstå i det her, Anders, er, at vi har været udsat for et meget, meget voldsomt angreb, som ikke er set før i SAS' historie. Det går ud over vores mediekommunikation. Så har vi klippet en version, hvor vi står fuldstændig på mål for det budskab, som vi hele tiden har sagt. Nemlig, at vi mener, at rejser er noget, der beriger os, og vi er meget stolte af vores skandinaviske ophav.

– Jeg skal lige forstå det rigtigt. I lægger en video ud, og så bliver I angrebet af nogle, som vi ikke ved, hvem er. Ved I, hvem det er? Så lægger I så en ny version ud, men før sagde du, at ... (bliver afbrudt).

– Nej, det er helt forkert. Vi fortsætter den kampagne, vi hele tiden har lavet.

– Så planen var hele tiden at lægge en video ud med et kontant budskab, og så skulle der komme en video nogle timer senere med et budskab, som var mindre 'hårdt'?

– Det er ikke mindre hårdt. Det står bare tydeligere frem, det, vi mener. Vi står fuldstændig på mål for det, vi har sagt.

– I den første video spørger I 'Hvad er ægte skandinavisk? Så kommer der flere, der siger 'absolut ingenting'. I den nye video bliver der blot trukket på skuldrene. Synes du ikke, at det er en klar ændring i forhold til, hvordan man opfatter jeres budskab?

– Nej, det tænker jeg er din tolkning. Vores budskab i alle videoer – og der kommer flere – har hele tiden været, at rejser er noget, der beriger os. Og vi er stolte af vores skandinaviske arv.

Kritik är angrepp ... eller?
Ekstrabladet fortsätter att fråga om denna "attack" som SAS påstår sig ha råkat ut för. De undrar vilka som ligger bakom denna "attack". Svaret är att det dykt upp uppmaningar på olika forum som går ut på att man ska gå in och skriva "negativa kommentarer" om SAS. Ekstrabladet undrar hur det kan vara ett angrepp, snarare än att folk helt enkelt är sura över reklamen.

SAS erkänner då att det visst kan finnas en del som är sura över filmens innehåll, men att de kan se att det också är en tydlig "politiskt kampanj". Så var det med det angreppet alltså.

Eller är kanske Wilhelm Tersmeden, ordförande för SAS-sektionen på Svensk Pilotförening också del av "attacken"? Så här säger han till Expressen:

– Reaktionerna från våra kunder på SAS senaste reklamfilm visar att man uppskattar och bryr sig om det skandinaviska varumärket. Vi delar deras uppfattning att med irländska flygplan, spanska piloter och baltisk kabinpersonal så känns det skandinaviska allt mer avlägset.

Att kalla kritik för "angrepp" är ett mönster som går igen. Förr kunde makten nämligen avfärda dissidenterna. De flesta svenskar brydde sig inte om Mona Sahlin och Fredrik Reinfeldt förnedrade Sverige och svenskarna. Man röstade på dem i alla fall och applåderade "solidariteten" och "antirasismen". Sedan började allt fler svenskar drabbas av den politik de röstat för och helt plötsligt mattades applåderna av och drygheten gentemot dissidenterna avtog. De "goda" svenskarna hade ju inte tänkt att de skulle drabbas själva, det var inte en del av planen.

Efter den stora flyktingkrisen för några år sedan brast dammen och helt plötsligt opponerade sig var och varannan svensk. SD blev största parti och polariseringen blev total. Denna nya verklighet har inte satt sig hos storföretagen, gammelmedia eller politikerna. Alltså är det logiska svaret på all kritik och all opposition att det är främmande makt som ligger bakom. De kan inte få in i sina tjocka skallar att Svensson helt plötsligt säger ifrån offentligt, de vägrar att acceptera att samma personer som tills nyligen stod som clowner och smekte medhårs helt plötsligt vrålar att kejsaren är naken och att en stor jävla elefant står i rummet.

Summa summarum så är det fördel oss när SAS kraschar. Frågan om vårt ursprung lyfts fram, nordborna surnar till och säger ifrån samtidigt som företaget och globalisternas apologeter hos gammelmedia gör bort sig. De visar att de inte har koll, att de inte förstår den verklighet de lever i.

Det är en ny tid och de är inte redo för den.

Det är däremot vi.

EVA-MARIE OLOSSON
14 februari 2019

Om ursprungets vikt

Ju hårdare globalismen kramar våra strupar desto fler köper intetsägande DNA-test eftersom de vill lära känna sitt ursprung. Ursprunget är viktigt, ursprunget är det fundamentala. Det är om ursprunget Eva-Marie Olsson skriver idag.

Vilka är vi, var kommer vi ifrån? Det är frågor som vi ibland ställer oss eftersom det är viktigt att veta. Som jag ser det vet de allra flesta av oss sitt ursprung, i alla fall tillbaka två, tre, generationer. Det är långt ifrån alla som släktforskar fast det blivit väldigt populärt, såklart kittlar det lite grann vid tanken att eventuellt komma tillbaka i tiden – till kanske 1700-talet i sin släkts historik.

Men vi som inte bläddrar i kyrkoböckerna för att söka sedan länge döda förfäder är såklart ändå trygga med vem vi är, vi är tillfreds med att känna till vem våra mor- och farföräldrar var samt var de föddes och bodde, vad de arbetade med, och vad de dog av. Vi som vet vårt ursprung tar det för givet, det är bara så det är. Det är livet, vi bär det med oss och delar till våra barn.

"Helt underbart, jag ser mig själv i hennes ögon, hennes ögon är så bruna. Jag har aldrig varit lyckligare i mitt liv." Orden kom från den kvinna som efter en adoption i späd ålder hamnat i Sverige, och nu i vuxen ålder med tevens hjälp sökte och hittade sin mamma i Indonesien. Mor och dotter stod tätt omfamnade medan kameran rullade på. De tittade djupt och länge i varandras ögon, tårarna rann. Det var som om de aldrig ville släppa taget.

Det var en mycket känslosam bildsekvens som svensk TV-produktion lät oss tittare ta del av, från mina nordiska helt vanliga blå ögon rann det en tår. Det var stort, tösabiten hade funnit sin biologiska mor och den indonesiska äldre kvinnan fick återse den dotter hon av dunkla otydliga skäl lämnat ifrån sig. Så rätt som det är kom-

mer svensk TV och vänder upp och ner på vad som för länge sedan var bestämt, för
att det just är så viktigt och mänskligt att få veta om sitt ursprung. Jag tror att detta
är ett ärligt tv-program, det är inga teatertårar och inte heller falska omfamningar.

Jag kan inte påstå att jag slaviskt följer dessa gripande återföreningsprogram,
men ibland flimrar det förbi och jag råkar på ett eller annat avsnitt. Kanske har man
gått på bluffen och myten om att vi är oskrivna blad som endast formas av vår om-
givning, då är det perfekt att titta på TV, i alla fall sådana program, sen finns det allt
för många som menar på precis tvärt om. Lyckade återföreningar som rullas upp för
oss tittare visar med all tydlighet på att söka och veta något om sitt ursprung ligger
i det innersta hos varje individ. Vem kan negligera den djupa önskan och den stora
förhoppningen från dessa vuxna bortadopterade personer att finna sitt ursprung.
Vem är min mamma, vem är min pappa?

Om man inte redan vet sitt ursprung och inte är en zombie, utan en helt vanlig
människa, är såklart frågorna många. Kvinnan i nästa avsnitt, född i och borta-
dopterad från Brasilien; "finns mina föräldrar i livet, har jag syskon, var bor dom,
vem är jag lik, såsom jag är har jag ärvt det från min mor eller är det från min far,
jag älskar att dansa jag har rytmen i blodet, har mina biologiska föräldrar det med,
älskar dom att dansa, varför ville dom inte ha mig?"

I dessa återföreningsprogram är det hjärtskärande att se frustrationen som lyser
igenom då man inte talar samma språk "jag kan inte min familjs språk", i många
fall i mötet med det biologiska ursprunget är det beröring som får bli första steget
till föräldern man hela tiden haft, men i en helt annan världsdel. Det är viktigare än
vi tror att känna till var man kommer ifrån, det sitter djupt inom oss att veta vårt ur-
sprung. De svenska adoptivföräldrarna har förmodligen varit världsbäst men, något
fattas och pockas på att tas reda på.

När man nu och i "elfte timman" och med tevens försorg riktigt blivit varse och kan
sätta fingret på så viktigt det är med ursprung (ironi) då kommer fler frågetecken
och moraliska funderingar. Enligt statistik som finns att tillgå visar det på att det av
olika anledningar finns ett ökat behov av inseminationer och provrörsbefruktning-
ar, köerna till landets infertilitetskliniker blir allt längre.

De vuxna som inte kan (eller vill) göra barn själv kan vara sammansatta på olika
vis, det kan vara heteropar, homopar och det kan vara singelkvinnor med den bio-
logiska klockan som tickar på. Livets mening är barn. Men till varje pris?

Ifall befruktning sker med hjälp av donator finns det mycket att ta ställning till. I
Sverige är det endast tillåtet med "öppen" donator, vilket betyder att barnet när det
uppnått mogen ålder har rätt att ta reda på identiteten till donatorn, men åker ofri-
villigt barnlösa över sundet finns det fler alternativ.

Att ta tåget över Öresundsbron till Köpenhamn för att få hjälp att göra barn på klinik är såklart behjärtansvärt för de som behöver den hjälpen för att bilda familj. Men det som får mig att känna oro och tveksamhet är att det där finns två rutor att välja mellan om vilken man ska kryssa i och det handlar om ifall barnet i vuxen ålder ska kunna söka sitt ursprung, eller inte kunna göra det. Att ta emot donerade könsceller och sätta kryss i rutan för att barnet i framtiden inte ska kunna söka sitt ursprung ser jag som en egoistisk och hemsk handling. Och framför allt efter alla de lyckade återföreningarna som vi kan se från Dumburken, det är inte så dumt egentligen att veta var man kommer ifrån.

JOHAN SVENSSON
15 februari 2019

Barn av solen

När den där stora gula saker på himlen börjar visa sig igen efter det eviga mörkret förändras svensken. Den tar av sig kläderna och suger glupskt i sig varenda solstråle. Vi må leva många månader i mörker, men vi är sannerligen barn av solen.

Oh boy!
Rena gudagåvan, är det konstigt att jag är glad?
För solen skiner ju och du är här
Och jorden spinner i sin himlasfär
Och faktiskt när man mår på detta vis
Är världen nära på ett paradis

Jag kommer på mig själv med att nynna på Peps gamla dänga när jag går längs med älven på min lunchpromenad. Äntligen lite sol! Äntligen lite ljus!

Hela den här hösten har varit bedrövlig. Det mest uttjatade av alla samtalsämnen har varit behäftat med en sällsynt tyngd och allvar de senaste månaderna. Sedan oktober har vi haft samma väder hela tiden här på västkusten: 6 plusgrader och regn med en mörk himmel som fond till denna gråa verklighet. Och där på horisonten – liemannen som närmar sig på sin häst för att göra slut på lidandet. Det har varit till synes oändligt mörkt och blött. Visst, om man inte bor norröver i landet får man räkna med att vintrarna kanske inte är täckta av snö, men i år har det varit extremt tråkigt och grått. Det var fantastiskt att åka upp till Jämtland över nyår för där fanns det i alla fall snö och det gör ju onekligen sitt för att lysa upp tillvaron. Det blir ett helt annat ljus med ett tjockt lager av snö som reflekterar dagsljuset. Så fort vi kom ett par timmar söderöver på vår resa hemåt var det samma gråa trista historia igen och vi var tillbaka i den slaskiga verkligheten. Men nu helt plötsligt skiner solen från en blå himmel och jag mår så otroligt bra.

Det är inte bara jag. Alla hundägare som surmulet varit ute och rastat sina husdjur under denna utdragna höst har sett allt annat än roade ut. Hundarna har inte sett speciellt glada ut de heller. Men nu springer hundarna över grönytorna och husse och matte njuter i solskenet. Alla vi som har fått torka av regnblöta och leriga hundar vet att man inte direkt blir på bättre humör av att behöva göra det när man väl kommer hem.

Vi har haft anledning att tänka en hel del på solen under den här sensationellt mörka och grådaskiga hösten. När man pratar om hälsoeffekter och solljus tänker många av oss först och främst på D-vitamin. Detta produceras av våra kroppar när vi vistas utomhus i solljus. Visste du förresten att det finns ett förstadium till D-vitamin latent i vår hud? Detta aktiveras och blir riktigt D-vitamin när huden utsätts för solstrålar som innehåller UV-ljus. D-vitamin hjälper kroppen att ta upp kalcium genom tarmen och stärker vårt skelett, något vi delar med alla landlevande djur. Det sker mycket forskning om D-vitamin och forskare menar att det är bra mot blodproppar och hjärt-kärlsjukdomar och att det är bra för att förebygga diabetes. Då har vi inte ens pratat om den psykiska hälsan. Brist på D-vitamin kan orsaka trötthet och i värsta fall årstidsbunden depression. Vi är nog många som kan känna oss som en duracellkanin inne på det sista andetaget med döende batterier när det är som mörkast.

Jag var ute i skärgården i helgen och söndagen bjöd på kanonväder. Samma som idag: kallt, klart och soligt. Plötsligt var vägarna och stigarna fulla med folk som var ute och promenerade när inte en människa har setts till på flera månader. På nästan varenda bänk såg jag folk sitta med ansiktena vända mot solen med stängda ögon. Man hade kunnat tro att det var maj månad men vi var alla rejält påpälsade med vinterjackor och mössor och kvicksilvret visade bara på ett par små plusgrader.

Men det spelar ingen roll. Det är soligt. Det är ljust. Vi ska ut.

Vi har alla våra sätt att handskas med mörkret. Vanligtvis har jag inte så mycket emot vintern. Visst, det blir mörkt tidigt på dagarna men det går väl att leva med när det lackar mot jul och juleljusen tänds? Men den här vintern, herrejösses – jag har tryckt i mig D-vitaminer som att det vore godis. Bristen på ljus har gjort att det bitvis har känts som att min hud varit på väg att bli genomskinlig. Det har varit en stor fördel att dottern är en utemänniska som inte trivs med att vara inomhus hela dagarna, även om jag tycker att de är rätt bra på hennes skola med att aktivera barnen utomhus. Trots att vädret inte varit det bästa har vi sett till att komma ut och gått till lekparker, gått ut och picknickat, grillat korv och så vidare. Om det inte vore för henne hade jag nog mycket väl kunnat vara inomhus mer under denna ohyggliga höst och vinter. Hundar och barn gott folk – de behövs.

Vi nordeuropéer har blivit välsignade med ljus hud. Ljus hud är mycket mer effektivt för att producera D-vitamin. Vi behöver inte så mycket solsken för att kunna överleva i vårt klimat. Men jag funderar på om det kanske gör oss ännu mer tacksamma för det ljus vi får? Jag vet inget annat folk som kastar av plaggen så fort det går fram på vårkanten och kan spendera timtal utomhus i solen, när det knappt ens är plusgrader i skuggan. Vi tar inte solen för given efter den mörka vintern och vi firar dess återkomst i det närmaste religiöst. Även om inte alla tänker på det i religiösa termer så agerar vi sannerligen tillbedjande. Det är det som slår mig när jag går omkring här en februaridag och ser alla glada människor som vandrar i solen. Vi är soldyrkare.

Just att vi har årstider i Sverige är en stor anledning till att jag älskar det här landet. För mycket av detsamma blir man nog knäpp av. Jag minns några gamla vänner till mina föräldrar. Deras företag gick så bra att de kunde sälja av det för en rejäl slant och gå i tidig pension. Barnen var utflugna och det vara bara att välja och vraka. Vi flyttar till Spanien, sa de längtansfullt och sagt och gjort så hade de köpt ett hus på solkusten. Första dagen: soligt och varmt. Härligt. Andra dagen: soligt och varmt. Härligt. Tredje dagen: soligt och varmt. Härligt. Ett drygt år stod de ut, sedan sålde de huset och flyttade hem. Varför, frågade alla deras vänner? Det fanns inga årstider, kom svaret. Jag förstår dem. Det måste vara som att leva i ett vakuum.

Likt alla skandinaver är jag ett barn av solen. Jag är ute så mycket jag kan och njuter i fulla drag av sommaren. Men jag njuter lika mycket när hösten drar in och luften blir kall och klar. Växlingarna markerar tidens gång och jag känner mig levande. Visst kan jag låta bitter över denna sorgesamma ursäkt till höst och vinter, men just nu njuter jag av det inte regnar på mig även om det är långt kvar till våren.

Så upp och hoppa, det är sol idag
Och en så'n dag kan man inte ligga och dra

Oh boy!

LUDVIG DELIN
17 februari 2019

Svenskarna kan och vill försvara sig!

Under förra veckan har svenskfientligheten varit i fokus. Vi har kunnat läsa om de allt mer brutala förnedringsrånen som ökar i rasande fart. Hur flygbolaget SAS släppte en reklamfilm där man förnekar skandinavernas identitet och hävdar att "allt gott kommit utifrån". Vi lärde känna 88-årige Rolf som förvägras äldrevård och tvingas bo i sin bil. Det är i sanning tuffa tider. Finns det någon ljusning?

Förra veckan inleddes på ett sätt som man helt enkelt inte vill som svensk. Nyheter om att svenskfientliga förnedringsrån ökar får det att krampa i hjärtat. Vi kunde höra om hur gärningsmän av icke-svensk härkomst rånat och urinerat 18-åriga "Peter" i munnen. Någonting som fick mig personligen att reagera oerhört starkt i måndagens Sverige vaknar. Jag valde att inte skräda i orden mot alla de som möjliggjort ett samhällsklimat som inte bara skapar svenskfientliga dåd, utan även främjar det. Ingenting kunde bli mer tydligt när sedan flygbolaget SAS släppte sin omtalade reklamfilm om att "ingenting är skandinaviskt". Svenskfientligheten och hatet mot allt vi är, är i hög grad levande i samtliga sammanhang. Från våra gator, riksdagspartier och i reklamfyllda medium spyr våra motståndare ut sitt hat mot oss.

Efter att länge nog att skådat igenom det svenskfientliga narrativet så har den uppmärksamme frågat sig: när reagerar någon? Svaret är: denna veckan. Vi fick se att vi svenskar (och skandinaver) inte längre låter oss bli trampade på. Vi fick se att vi inte accepterar angrepp på vår identitet och kultur. SAS tvingades, efter en folkstorm som knappt synts sedan Bondetåget 1914, ta ned sin vedervärdiga film från internet. Storheten i hela SAS-debaclet är knappast att vi har synliggjort den anti-nordiska och svenskfientliga agendan hos "vaket kapital"-företagen och ljugande kvällstidningar. Nej, storheten ligger i att vi har som folkligt kollektiv äntligen visat motstånd.

Visserligen ett motstånd genom att trycka tummen ned på en riktigt dålig reklamfilm, givit syrlig kritik och memande. Men det visar bara på hur digitaliserat Sverige numera är.

Ett mer fysiskt motstånd ute i den riktiga världen kunde skönjas mot såväl förnedringsrån mot svenskar som mot SAS. Globen lystes upp av ett budskap om att svenskar skulle slå tillbaka och reklambyrån som produceras SAS smörja till reklam bombhotades i Köpenhamn.

Även den 88-åriga Rolf, som frilansjournalisten Joakim Lamotte hälsade på, i bilen där åldringen tvingas bo, fick det aningen bättre. Efter Lamottes inslag om Rolfs situation och en rättfärdig kritik mot politikernas vanstyre av äldrevården, rättare sagt, hur politiker fullständigt struntar i svenska pensionärer, så hände någonting. Sverigedemokraternas oppositionsråd i Trelleborg, Helmuth Petersén, klev in och gav Rolf mat och husrum tills kommunen tar sitt ansvar. Vilket de efter att svenskarna sa ifrån, har gjort. Nu har kommunen äntligen gett en äldre svensk herre det han förtjänar på ålders höst efter ett liv i slitande.

Nog för att Vänsterpartiets Linda Snecker hävde ur sig att främlingarna som utför svenskfientliga förnedringsrån enbart gör det för socioekonomiska faktorer, någonting som motbevisas om och om igen. Och även om många inom etablissemanget delar hennes analys så ser vi folket gör något annat. Man har slutat bli förbannad och knyta näven i fickan. Vi är fortfarande förbannade men våra händer har skrivit febrilt på tusentals svenska tangentbord för att äntligen försvara vår identitet mot den etnomasochism som präglar vår tid. Händerna är uppe ur fickorna och rösterna har äntligen börjat höjas utanför lunchbodarna.

Vi ser hur fler och fler ställer sig i opposition mot vanstyret av Sverige och förnekandet av vår identitet. Vi ser hur folk lyser upp Globen en mörk kväll i februari med svenskvänliga budskap och hur vi praktiserar en folkgemenskap genom att ta hand om Rolf där staten har lämnat walk-over.

Ja, verkligheten är förjävlig och mycket mer elände kommer vi se. Men den veckan, i 20-talets början, kunde vi verkligen se hur oppositionen började ta ny form. Hur folket faktiskt reser sig. Det ska inte ryska bots ta ifrån oss.

Detta är vår egen befrielse.

MAGNUS SÖDERMAN
17 februari 2019

I Israel avgörs judiskheten via DNA – dock finns fortfarande inte européer

Israels högsta domstol har godkänt DNA-test som ett sätt att bevisa sin judiskhet, något som SVT rapporterar om. Förvisso är inte alla judar överens om att det är en bra idé, men icke förty verkar det finns något unikt judiskt som går att hitta i genkoden. Kul för judarna, som därmed finns.

Att vi svenskar – eller européer – fortfarande inte finns kan vi ta för säkert. Faktum är att raser inte finns och att alla är lika. Alla människor är lika samma, utom judarna kanske … och samerna så klart. Och några andra när vi tänker efter. Inte tusan kan vilket blekansikte som helst bli afrikan eller arab eller asiat eller indier eller indian eller pygmé bara sådär. Nej, går vi ett steg till kan vi konstatera att det faktiskt bara är vita européer och våra ättlingar som inte finns (och därför inte har något värde) och därför inte ens kan bli ersatta genom folkutbyte.

Tänker på Expos idoga arbete (bland andra) att slå hål på "myten om folkutbytet", du vet, den där teorin om att svenskar rätt som det är inte kommer finnas längre eftersom vi ersatts med främlingar. Inte möjligt, menar Expo, med flera, eftersom svenskar inte finns. Inte finns skandinaver heller, fråga SAS. Eller européer. Gäller det oss finns det bara "människor".

Judarna i Israel måste garva sig harmynta över Europas gojer (lugna ner dig, det är bara ett ord som betyder nationer: ethnos i Septuagint – hoppsan, det betyder visst etnisk grupp i sin tur och åsyftar arv) sätter likhetstecken mellan att se sig själva som ett unikt folk och ondskefull rasism, medan de själva hemma i Israel kan kalla andra rasister medan de godkänner judiskhet med DNA-test.

Vad säger Jimmie (öppen svenskhet) Åkesson om det? Eller ännu mer intressant, vad säger Ebba (judar är bäst) Busch Thor et concortes om det? Inte mycket, för glöm inte: det är inte rasism om judar gör det. En gång i tiden var det förvisso det. Sionismen var faktiskt stämplad som "rasism" av FN förr, men efter att judarna (som är maktlösa och barskrapade utan något som helst inflytande) lyckats få tillräckligt många på sin sida så ändrade FN sig och kom på att sionismen inte är rasistisk. Det är nämligen antisemitiskt att påstå dylikt och antisemitism trumfar alltid allt. Fast det ska du helst inte säga, för då är du antisemit. Det hela är mycket förvirrande faktiskt, i alla fall för den som aldrig varit utsatt för den judiska maktrörelsen. För oss som varit det vet vi att det bara finns en sak som gäller: ignorera och stå på sig.

Men visst är det intressant att du i Iran eller Irak kan konvertera till islam och sedan är det fritt fram att leva som muslim. De är ju inte demokratier eller fria stater, som Israel. Men i Israel så måste du bevisa din judiskhet för att få gifta dig judiskt. Vi läser på SVT:

"Alla som vill gifta sig judiskt måste i Israel bevisa att de har judisk bakgrund inför rabbinatet den religiösa domstolen i Israel, som också ger vigseltillstånd."

Missförstå mig nu inte. Jag är helt för Israels raslagar, jag applåderar dem. Det är ju inte underligt att man vill hålla koll på folkstammen. Titta bara på Island och deras hårda raslagar. Nåja, för hästar vill säga. Också det är fascinerande. En islandshästs gener är en allvarlig sak, men om en afrikan vill göra barn med en vikingaättling så är det fritt fram. Men nu var det judarna som var ämnet för dagen.

Det är klart att judarna vill hålla koll. Man vill ju inte ha någon gammal arier mitt upp i allt utan hålla blodet från Edom lagom rent. Och att låta var och varannan kalla sig jude bara för att de känner för det vore ju absurt. Ska man se till vad Jesus sa så krävs det ett väldigt specifikt släktskap för att kvala in.

Den sten som skaver i min sko kallas avundsjuka. Jag är sotis på judarna helt enkelt. Till och med SVT kan rapportera om deras rastest med en axelryckning. Så här avslutar de artikeln om Laila från Azerbadjan som först inte fick gifta sig:

"Hur gick det då för Lala? Hon hade tur — hennes test visade på att hon verkar härstamma från en judisk grupp som länge varit bosatt i Östeuropa. Så till slut fick hon sitt vigseltillstånd och nyligen gifte hon sig så slutligen med Chen."

Förutom avundsjukan så är det också hyckleriet som får blodtrycket att rusa i höjden. Samma public service som går i bräschen för att förvirra och förvilla (kommer ni ihåg när SVT hade en svart man med blåa ögon som exempel på "de första svenskarna"?) och som enligt "demokratiparagrafen" måste ta avstånd så fort någon som är för "öppen svenskhet" säger ett ord, låter judarna komma undan. Och nej, det är inte bara SVT. De är likadana allihopa, hela etablissemanget, ända ner till den fåraktiga nyvakna liberala Svärjevännen som tycker att Afram i pizzerian på hörnet är svensk eftersom "han inte är muslim".

Det är en ojämn kamp vi är inblandade i men jag menar att vi den absolut mörkaste tiden är bakom oss. Ja, faktiskt tror jag det. Den själsdödande likgiltigheten och formidabla ointresset för det egna är på väg bort. SAS-debaclet visade tydligt att många svenskar inte tar mer nu. Visst, för oss som sett denna perfekta storm formas under lång tid kan det tyckas lite för lite och för sent, men se det halvfulla glaset i stället.

Judar DNA-testar sig och SVT berättar om det. Folk köper DNA-test som tokiga för att se varifrån de härstammar och (i många fall) drar en lättnadens suck när de är 99 procent söner eller döttrar av moder Europa. Sedan, vad gäller SDs "öppna svenskhet": ingen tar den på allvar. Vi vet alla vem eller vilka som är svenskar. Och sist men inte minst, till skillnad från judarna och deras genetiska mishmash (tänka sig, jag fick in lite jiddish där), behöver vi i princip inte något DNA-test för att med stor säkerhet kunna säga att den ena eller andra är en av oss.

Så var det med den saken.

DANIEL FRÄNDELÖV
18 februari 2019

Skrämmande vittnesmål från Stockholms sjukvårdsupprop

19 000 vårdanställda i Stockholm har fått nog av underbemanning, stress och bristande vårdsäkerhet. Genom att släppa filmer, anordna en demonstration och släppa mängder med vittnesmål hoppas man få politikerna att inse allvaret. Och allvarligt är det, vilket man förstår när man läser alla skrämmande vittnesmål de publicerat på sin hemsida.

Jag har ibland frågat mig hur många liv som hade kunnat räddas om vi haft en fungerande sjukvård. Svaret är många. Väldigt många. Det förstår man när man läser de hundratals vittnesmål som vårdanställda skrivit på sjukhusuppropets hemsida.

Jag ser mig som en relativt modig person, trots allt. Det är inte speciellt mycket som skrämmer mig. Men jag har en rädsla, en som är återkommande och som kan få mig att vakna kallsvettig. Det är rädslan för att skada sig. För att bryta ett ben, få hjärnskakning, cancer eller någon annan allvarlig sjukdom. Och det är egentligen inte skadan eller sjukdomen i sig som skrämmer mig. Det är att behöva söka sjukvård. Att åka till akuten, och all den väntan, kaos och förnedring som väntar där.

Mina rädslor är på intet sätt ogrundade. Vi har under flera år kunnat läsa larmrapporter från sjukvården där anställda försöker varna för överbeläggning, personalbrist, en oerhörd stress som leder till utbrändhet och uppsägningar och framförallt en allt sämre patientsäkerhet. Människor dör i onödan, helt enkelt.

Detta har till stor del viftats bort som "skrämselpropaganda", exempelvis av SVT själva som pekade ut facebooksidan "Rädda vården" som en "skrämselsida".

Stress, lidande och död i sjukhuskorridorerna
I dagsläget kan man läsa 373 vittnesmål från läkare, sjuksköterskor och undersköterskor på sjukhusupropet.se. De ger en samstämmig bild som mer påminner

om en fältsjukhus i krig än något annat. Det är konstant underbemannat och även mycket allvarligt sjuka patienter får vänta i timtal, vilket flera gånger lett till att patienten avlider. Ett exempel är vittnesmål nummer fyra. En misstänkt berusad person kommer in och på grund av överbelastning blir det ingen noggrann undersökning. Ingen noterar att personen har en sårskada vid tinningen. Personen har troligen ramlat och har en allvarlig hjärnblödning. När detta väl upptäcks är det för sent. Personen avlider.

En annan patient kommer in med dåligt allmäntillstånd. Blir lagd på en brits. Ingen tillsyn. Ingen personal finns att tillgå. Personen påträffas livlös och kall på morgonen.

Ett barnlängtande par får veta att deras nyfödda är död. Läkaren var upptagen med en annan patient. Barnet hade möjligen kunnat räddas.

Slet ut ett livlöst, blått och slappt barn. Att möta blicken hos det barnlängtande paret var fruktansvärt. Barnet hade möjligtvis kunnat överleva om det det fanns fler barnmorskor och läkare som kunnat ingripa tidigare. – Läkare, vittnesmål 14

Droger istället för tillsyn
Det är vanligt att ge oroliga patienter droger istället för tillsyn för att minska arbetsbelastningen. Ett vittne berättar att hon först tyckte detta var ett fruktansvärt sätt behandla patienter men har insett att det är den bästa lösningen i en fruktansvärd situation. Man ger oroliga och smärtpåverkade kvinnor som ska föda barn ryggmärgsbedövning för att de inte ska larma så ofta, för att frigöra personal. Man ger lugnande medicin till oroliga och förvirrade patienter när de egentligen bara behöver ha någon bredvid sig att prata med.

Viktiga provsvar blir felmärkta, akuta kejsarsnitt blir inte av, personer får ligga i timtal med pågående hjärtinfarkter. Felmedicinering leder till hjärnblödningar och andra allvarliga symptom som ofta missas helt eller upptäcks alldeles för sent. Döda patienter ligger i flera timmar i allmänna utrymmen innan det finns tid att frakta bort dem.

Patienter skickas hem så fort "de kan stå", ofta allvarligt sjuka. Många är tillbaka redan dagen efter. Vissa kommer inte tillbaka alls då de varit så sjuka att de dör hemma.

Ledningen mörkar
En läkare, som sagt upp sig, vittnar om hur en sjukhuschef mörkat sanningen för media. Läkaren berättar om ett fullständigt kaotiskt arbetspass. Det fanns inga erfarna sjuksköterskor eller undersköterskor alls, de hade alla sagt upp sig på grund av för hög arbetsbelastning. Röntgenavdelningen stängd. 42 patienter i kö, varav 30 ingen ens har hunnit undersöka. Inga platser på sjukhuset, vilket innebar att de pa-

tienter som togs in på akuten skulle bli kvar där. Och just det – två ambulanser har precis kommit in så läkaren var tvungen att skynda sig dit för att möta upp dem. En sista sak; den andra akutjouren behövde handledning eftersom detta var personens första pass på akuten.

På morgonen kontaktar en av sjuksköterskorna media för att larma om kaoset. Journalisten kontaktar sjukhuschefen som berättar att patientsäkerheten aldrig varit hotad. Sjukhuschefen bemödade sig inte ens att kontakta de som jobbar under natten för att informera sig om läget.

Det var då läkaren sade upp sig i protest.

Värre än man vågade gissa

Det verkar vara än värre än vad man kunnat gissa, i ett land där politikerna fortfarande vågar säga att vi har en bra sjukvård. Där vissa medborgare kanske delar denna uppfattningen. Alla lösningar börjar med att erkänna att det finns ett problem och media och politiker kommer få mycket svårt att sopa alla dessa förstahandsvittnesmål under mattan.

Hjälp till att sprida detta, stöd alla de läkare, och sjuksköterskor som fortfarande, trots allt, kämpar på med att rädda liv. Många har redan slutat, och fler än fler kommer snart att säga upp sig.

Kanske måste sjukvården, som så mycket annat, fullständigt kollapsa innan vi ser en bättring? Mycket tyder på det. Och många svenskar kommer få lida för detta.

JALLE HORN
18 februari 2019

Nick Griffin inför Dresden-marschen: No more brothers' war

Inför den nationalistiska marschen i Dresden den 15 februari höll den brittiske nationalisten Nick Griffin ett tal i Berlin där han förklarade vikten av samarbete Europas folk emellan. I en kommande kris kommer européerna då att stå sida vid sida istället för söndrade. Därmed kommer vi att segra.

För 75 år sedan bombades den tyska staden Dresden av England och USA under andra världskrigets slutskede. Insatsen räknas som ett illdåd eftersom staden inte hade någon strategisk betydelse och tiotusentals miste livet på det mest ohyggliga sätt. Målet var mer eller mindre att döda så många tyskar som möjligt.

Till åminnelse av den krigsförbrytelsen har det genom åren genomförts olika minnesstunder. Det här året var nationalistiska grupper på plats lördagen den 15 februari och marscherade genom staden. Föreningen Europa Terra Nostra organiserade en betydande grupp europeiska nationalister, och deras slagord för dagen var "No more brothers' war".

Även en svensk delegation deltog.

Nick Griffin: inga fler brödrakrig

Europa Terra Nostra hade bland annat bjudit in den engelske nationalisten Nick Griffin, tidigare ledare för British National Party och f.d. ledamot i Europaparlamentet. Kvällen före Dresdenmarschen anordnade Europa Terra Nostra ett föredrag av Nick Griffin i Berlin. Talet anknöt tydligt till Dresdentemat "No more brothers' war" och åtnjöt kraftiga applåder. Griffin började med att påpeka vikten av att idag inte känna skuld för gamla försyndelser. Han syftade på både tyskars och engelsmäns ageranden under andra världskriget. Detta är viktigt eftersom dagens ledare och etablissemang bokstavligen lever av att utkräva skuld och därmed lydnad av dagens européer.

Men, menade Griffin, skuld kan bara utkrävas av dem som utförde eller beordrade aktioner, inte människor flera generationer senare. Vår tids tyskar bör inte känna skuld och inte heller dagens britter och amerikaner. Man kan känna skam för vad man har varit med och gjort, men inte skuld.

Vi måste tvärtom se framåt – mot viktigare mål. Särskilt som dagens befolknings-utbyte i Europa, vilket genomdrivs av EU, respektive EU-länder och många orga-nisationer, drabbar både andra världskrigets vinnare och förlorare. Våra fiender har i många år arbetat tillsammans internationellt – därav deras framgångar får man anta – och det måste vi europeiska nationalister också lära oss att göra.

Samarbete är vägen framåt
Europeiska nationalister måste således lära sig att tala med varandra och samarbeta. Först på det sättet kan vi uppnå målet "no more brothers' war". Griffin tog Europa Terra Nostra som ett bra sådant exempel, och han berättade att han själv de senaste åren har varit delaktig i försonande samtal mellan britter och irer (deras nationalis-tiska grupper) för att få dem att gå åt samma håll istället för att älta gamla dispyter. Det kan vara nog så svårt, men det är nödvändigt.

Ty vi har fler gemensamma problem än saker som söndrar oss, bl.a. massinvand-ringen och alla våra politiska fiender som vill krossa både nationalismen och de europeiska folken: globalisterna, Soros, 68-rörelsen m.fl. Utöver samarbetet måste vi som individer skriva artiklar och böcker som bidrar till samarbetet de europeiska folken emellan.

Vår tid kommer – snart
Även om vi är relativt små i förhållande till makten av idag kan vi och måste vi göra insatser. Vår tid kommer nämligen, menade Griffin. Han nämnde tre punkter som är avgörande i vår tid. 1) Dagens europeiska demografi håller på att fallera. 2) In-vandrarna från Mellanöstern och Afrika skapar allt större problem i Europas länder. 3) 68-generationen håller på att försvinna; de blir omplacerade av sina kulturmarx-istiska elever, men dessa har inte sinne förverkligheten och kommer i längden inte att kunna samarbeta eftersom de är så fulla av förtrytelse och hat. Griffin menade att de – klimatmupparna, HBTQ-tokarna, kulturvänstern, liberalerna m.fl. – rentav i längden hatar varandra mer än oss.

De tre punkterna utgör en "perfect storm" fastslog Griffin, vilket kommer att leda till eller vara en del av den kommande krisen, som på något sätt kommer att vara revolutionär. I denna revolutionära tid måste europeiska nationalister tänka utifrån huvudbegrepp som idéer, organisation och strategi. I så fall har vi möjlighet att ändra de rådande förhållandena i grunden.

Globalisterna vill att vi européer ska begå självmord, påstod Griffin, oklart om han menade det bildligt och bokstavligt. Men det gör bara sjuka människor, och däri tror globalisterna alltså fel om oss. Istället kommer principen om "survival of the fittest" att visa sig hos oss européer. Vi är i grunden starka och överlevnadskraftiga. Vår tid kommer därför att komma, var han övertygad om. Vår uppgift är nu att förbereda framtida samarbete och i väntan på krisen avvakta. Vi ska inte påverka den liberala debatten något särskilt, bara vänta på krisen – då är vår tid att agera.

Vi kommer stå sida vid sida

Griffin menade att de europeiska länderna kommer att gå in i krisen någorlunda samtidigt, möjligtvis såsom dominobrickor, där krissituationen i ett land alltså skapar en kris i nästa land o.s.v. Samtidigt vill den amerikanska deep state, salafisterna och sionisterna ha krig i Europa. Det kommer att leda till att Europas folk, i och med att vi nationalister har förstått vikten av samarbete, kommer att stå sida vid sida på grund av att det vi har gemensamt, i första hand vår hudfärg: no more brothers' war.

Istället kommer vi att strida mot våra fiender – och den striden kommer vi att vinna.

JALLE HORN
19 februari 2019

Måndikter av Edith Södergran

Månen förekommer i många av Edith Södergrans dikter. I de två mest kända tar månen även plats i dikternas titel. Döden förekommer ännu ymnigare i hennes poesi. Båda måndikterna frossar i död och skönhet.

Edith Södergran brukar kallas Sveriges första modernist i poetisk bemärkelse. Hon lämnar traditionella former, såsom versmått, därhän för att experimentera med rytmer och klanger på eget vis. Därmed får bildspråket i dikterna mer pregnans. Det är de två mest typiska egenheterna i modernistisk dikt.

Jag säger "Sveriges" här, för inte kan hon väl kallas rysk eller finsk. Södergran var finlandssvenska runt förra sekelskiftet då Finland tillhörde det ryska tsardömet. Båda hennes föräldrar var finlandssvenskar. I handböckerna står det vanligtvis svenska språkets pionjär för modernistisk dikt eller något liknande. Men låt oss här se det hela i ett mer etniskt perspektiv, och då kan hon väl kallas för Sveriges första modernist.

Tycka vad man vill om modernismen, men Södergran skrev sina dikter innan den modernistiska stilen blev urartad med en tendens att vara outhärdligt tråkig. Fram till och med 50-talet finns det mycket njutbar modernistisk dikt. Och ingen kan ta ifrån henne rollen som pionjär på området. En del kritiker tycker att hon känns lite tonårsaktig (i den mån de vågar säga så i våra maktfeministiska tider då varje kritik riktat mot en kvinna räknas som blasfemi) p.g.a. dikternas jagfixering och för att det är så lätt att tolka in allehanda känslor. Oavsett har den unga kvinnan fångat otaliga poesiläsare de senaste hundra åren. För ung blev hon, enbart 31 år gammal. Andra halvan av sitt liv drogs hon med lungsot, som slutligen lade henne i grav. Det är förstås ett skäl till varför döden förekommer så mycket i dikterna. Men hon levde också i en blodig tid. 1914 kom första världskriget och i dess slutfas ryska revolutionen och finska inbördeskriget.

Dikten "Månens hemlighet" från diktsamlingen Septemberlyran 1918 sägs ge en bild från kriget mellan de röda och och de vita i Finland, som nyss gjort sig självständigt från det sönderfallanda ryska väldet.

I närheten av hennes hem arkebuserades en samling soldater från de rödas sida. Södergran målar upp de döda soldaterna (ifall hon nu hade dem i sinnet, det är inte allls säkert utan mer en spekulation av vissa forskare) med månljusets sköna pensel.

Tänker man bort soldaterna blir det inte alls lika makabert. Dikten bjuder likväl på några slående effekter. Pausen efter de två inledningsorden ger tyngd åt blodutgjutningen, ordet "visshet" gör händelsen ödesmättad och slutradens konstaterande ger en sällsam känsla åt skeendena av död.

Den rofyllda känslan under det sköna månljuset påminner om en dikt av Rimbaud där en soldat ligger tillsynes njutningsfullt i en glänta och läsaren först i slutraden förstår att han är döende. Man påminns också om antikens Homeros och tragöder, vilka frossar i mycket vackra beskrivningar av våldsamma dödsögonblick. Södergran fortsätter med sin dikt en urgammal europeisk dikttradition.

Dikten "Månen" är från Södergrans sista diktsamling, Landet som icke är. Tveklöst känner hon sig döende. Dikterna skrevs mestadels 1922, året före hennes bortgång, men samlingen publicerades först postumt 1925 av hennes vän Hagar Olsson, som också redigerade enstaka dikter. Det gäller särskilt "Månen" som först hade 22 rader mer. De raderna står nedan inom klamrar.

Här blir månskivan en skära som mejar ner blommorna, en månkyss som blommorna älskar. Medan den tidigare dikten var mer effektfull genom sin pregnans och lite överrumplande skönhetskänsla, är den senare dikten mer högstämt rofylld. Fast innehållet är liknande med insikten om döden som ett öde det gäller att älska – amor fati – vilket belyses av månens hemlighetsfulla förmåga att återge allt i ett skönt ljus.

Man kan älska Edith Södergran eller man kan tycka att hon är en tråkig poet. Oavsett förstår hon banne mig hur man bejakar döden.

Månens hemlighet

Månen vet … att blod skall gjutas här i natt.
På kopparbanor över sjön går en visshet fram:
lik skola ligga bland alarna på en underskön strand.
Månen skall kasta sitt skönaste ljus på den sällsamma stranden.
Vinden skall gå som ett väckarehorn mellan tallarna:
Vad jorden är skön i denna ensliga stund.

Månen

Vad allting som är dött är underbart
och outsägligt:
ett dött blad och en död människa
och månens skiva.
Och alla blommor veta en hemlighet
och skogen den bevarar,
det är att månens kretsgång kring vår jord
är dödens bana.
Och månen spinner sin underbara väv,
den blommor älska,
och månen spinner sitt sagolika nät
kring allt som lever.
Och månens skära mejar blommor av
i senhöstnätter,
och alla blommor vänta på månens kyss
i ändlös längtan.

[Och alla blommor älska liv och död
och sol och måne,
och alla blommor veta att allting är
av Gud allena,
och alla blommor vila i skaparens famn
och prisa hans vilja,
och alla blommor veta att ett hjärta slår
i hela världen
och blommorna veta att alla andra hjärtan
slå i detta ena.
Och alla blommor vila i skaparens famn
för stormar trygga,
och alla blommor se med leende blick
hur solarna ila,
medan skaparens händer ha tid i evighet
att smeka den minsta blomman.
Och uppå månen väntar jag
som blomman på ängen.
Jag skall ej spinna eller så
ty himlens Herre vårdar mig
och han skall även säga mig
vart jag skall gå.]

Edith Södergran

EVA-MARIE OLSSON
19 februari 2019

Med åldern öppnas nya dörrar så man kan påverka i rätt riktning

Vår krönikör tipsar om vad du kan göra när du kommit upp i ålder lite och därmed vunnit de rättigheter som tillkommer äldre. Ta chansen att prata med folk i tid och otid. Gärna om allt möjligt, men också om de viktiga frågorna som ligger fria svenskar varmt om hjärtat.

För tillfället är livet skönt att leva. Att vara del av svensk förening med långsiktigt mål att göra gott för kommande generationer är helt underbart. Sen gör det inte saken sämre att fru och make tillsammans här hemma lyckats att laga dränkpumpen till trekammarbrunnen med egna händer. Det är tillfredsställande för själen att kunna glädjas inför stora lyckosamma framgångar såväl som för små vardagliga, lite mer skitiga, grejer.

Mitt i allt det där som är bra och som man lyckades göra kan man ibland ändå finna sig hänga läpp för att tiden går så fort och att man hux flux är inne i fasen "ålderns höst". Men, jag kan lugna er lite yngre om att bli äldre, det är inte så himla farligt som man trodde då när man var ung. Om man har hälsan kvar och håller sig sysselsatt med det som måste göras, varvat med sånt man gillar, då är livet inte alls så dumt.

Det fanns en period i livet, då det begav sig på 1900-talet, som man felaktigt trodde att det där med att skaffa vänner var svårt, man trängde sig liksom inte på främmande människor. De vänner man hade, de hade man. När man är mitt i familjeskapandet och familjelivet så är det barnen som tar i stort sett hela ens tid, fokus finns i hemmet och man själv står tillbaka. Vuxnas "egentid" var inte uppfunnen när mina barn var små, ej heller "kvalitetstid" hade man hört något om, allting rullade bara helt naturligt på.

Sedan kommer då den dag då det äldsta barnet flyttar hemifrån. Sedan nästa. Och till sist yngstingen. Huset blir onödigt stort och på vind och källare finns det minnen kvar i form av leksaker, indiantält, piltavla, hantlar och urvuxna gummistövlar. När man tittar i backspegeln gick det fort att vara småbarnsförälder. Hur inrättar man sig då efter i den ålder man är i?

Nu kommer det tips, eller kanske hellre kalla det för igenkännande beroende var på livets trappa du står. Som äldre kan man ta sig en del friheter och just spela på att man är gammal, jag menar inte gagga och gnälla utan precis tvärt om. Du kan nu, utan att känna pinsamhetens röda rosor på kinderna, tilltala än den ene och än den andre okända, så som gamlingar har förkärlek att göra. Om man skulle gjort det som ung: prata med vilt främmande människor, då hade man fått stämpel på sig som att vara udda. Praxis och normen i vårt svenska samhälle var (är) att hålla sig på sin egen kant, låta andra vara ifred och inte besvära. Men nu kan man bara ösa på.

Det bästa är såklart att säga något vänligt. Ibland kommer jag på mig själv med att jag har som nån sorts sport att på kvällen summera de personer jag inte känner (eller rättare sagt de jag inte ännu känner) som jag tilltalat och börjat prata med. Och frågan är: kan det bli fler imorgon? Vad ligger rekordet på? Det är faktiskt en rolig sysselsättning eller kalla det för tävling om du vill. Så vad kan man då prata om, eller fråga om?

På gymmet finns det många tillfällen att inleda samtal, i alla fall i omklädningsrummet där de flesta tagit av sig sina hörlurar ”så du är färdig, nu har jag mitt kvar, så himla roligt är det inte, det bästa är när man är färdig, man måste ju jobba bort bilringarna” det håller kvinnan som just duschat med om och så är man i full gång.

En annan gång kan man i positiva ordalag säja till henne man aldrig förr träffat att hon har en dusch-crème som luktar jättegott, ett sådan samtal kan sedan gå vidare till att handla om så få kor man nuförtiden ser i grannskapet men att man ser desto fler hästar och det roliga med att ha häst inackorderad men att man själv inte har någon tanke åt det hållet utan mer är inne på att bygga hönshus och att skaffa höns.

Gymmet var endast ett förslag och exempel, såklart går det lika bra på verkstan, Ica, väntrummet eller på bussen. Intressanta samtal är annars de spörsmål som berör viktiga samhällsfrågor, extra kul är det när man står på samma våglängd och slipper käbbla med batikhäxor, transor eller med militanta lesbianer. Att prata om islamism, väder, elavbrott och om hålfotsinlägg är ämnen som kan stå för dagen, det är bara att sätta igång och se vart det barkar hän. Minns en gång då ett sådant där spontansamtal utmynnade i dödshot, men det får anses som ett undantag.

Det hände omkring slutet på 70-talet och man var tonårig, jag brukade som praxis var inte tilltala personer jag inte kände, men i detta fall kunde, jag trots min ungdom, inte låta bli. Se framför dig, jag satt på en stadsbuss i Malmö och var i höjd med Möllevången när vid hållplatsen cirka fem zigenarungar sprang på bussen genom utgångsdörrarna (jo man sa zigenare för ordet "rom" fanns på 1900-talet inte i någons vokabulär … mer än fiskrom som uttalas rom och inte som nutida zigenare som enligt vissa skitnödiga ska kallas för romer som uttalas råmer).

Tillbaka till bussen, det var tyst, frånsett zigenarnas trams och flams var där ingen som sa något. Busschauffören, som i backspegeln hade utsikt över resenärerna, såg såklart fripassagerarna, han var tyst liksom de vuxna passagerarna som också såg vad som hände. Det var då jag inte kunde hålla tyst. Jag minns som om det var igår vad jag sa och vad som hände sen. "Kan ni inte förstå varför folk inte tycker om er, så som ni beter er är det inte konstigt att folk pratar illa om er, fattar ni inte det. Gå och betala för er". Jag fick onda ögat av fuskarna medan de vuxna svenskar som satt i bussen gjorde allt för att låtsas inte se eller höra.

Vid hållplats Triangeln sprang zigenarna av bussen och ställde sig på rad på trottoaren, de drog alla sina pekfingrar över halsen samtidigt som dom tittade på mig, dom ville skära halsen av mig. Förmodligen ska jag vara glad över att det hände då, och inte nu då allt blivit så mycket råare. Tänk om man då hjälpts åt att mota "Olle i grind", då hade vi haft ett bättre land att leva i nu. Nu liksom då måste helt vanliga rättskaffens personer gaska upp sig och ställa upp för varandra, visa var skåpet ska stå.

Sätt likhetstecken mellan bussen och Sverige, ut med de som förtjänar att kastas ut! Och under tiden innan tiden är inne för det väljer vi vilka vi vill tilltala. Prata med de som du har på känn står på din sida, och om dom inte riktigt ännu gör det så gör dom det kanske imorgon. Var den förändring du vill se i samhället. Lycka till!

MAGNUS SÖDERMAN
20 februari 2019

AB Sverige är girigt – vill att fler kommuner går samman

AB Sverige fortsätter att breda ut sig och i en ny utredning föreslår dess ordförande Niklas Karlsson (S) att staten bör premiera små kommuner som går samman. Han vill också se "bättre statlig styrning". Staten ska fortsätta svälla och få mer kontroll.

1953 hade Sverige 2 498 självstyrande kommuner men i och med storkommunreformen som genomfördes samma år minskade de till 1 037 stycken. Sedan fortsatte trenden framöver och idag finns 290 kommuner i Sverige.

Därtill har det kommunala självstyret naggats i kanten, speciellt i samband med "flyktingkrisen", då centralmakten bestämde att kommuner inte fick säga nej till att ta emot (och försörja) utlänningar om Migrationsverket placerade dem i kommunen.

För AB Sverige med S i spetsen är det en självklar strävan. En svullen stat med tentaklerna överallt är rödskäggens konstanta strävan. Det är därför inte så underligt att en utredning under ledning av en socialdemokrat kommer fram till att kommuner måste ha mellan 20 000 och 30 000 invånare för att drivas effektivt.

Locka till sammanslagningar

För att förmå kommunerna att gå med på detta föreslår utredningen att tillhandahålla "ekonomisk stimulans" för "frivilliga" kommunsammanslagningar. Bidrag från staten, helt enkelt! Detta kan säkert vara lockande för flera kommuner, speciellt eftersom kommunpolitiker också är kortsiktigt tänkande varelser. På samma sätt lurades kommunerna att nicka gillande åt massinvandringen. Löften om statliga bidrag och snart påfyllda lokala skattkistor sa man inte nej till, utan att tänka på att detta pengaregn snart tog slut och man blev sittande med utgifter för lång tid framöver. Nu står man där och inser att det kom surt efter.

Med tanke på att utredningen också kommit fram till att staten ska "förbättra sin styrning av kommunerna" så inser vi att centralmakten inte gör detta av någon annan anledning än att fördjupa sin makt och kontroll över riket. Det handlar om att ansamla makt och inflytande.

Ytterligare ett förslag från utredningen är att staten bör stryka studieskulder för personer bosatta i särskilt utsatta kommuner. Tanken må låta behjärtansvärd, men låter man det sjunka in lite och tänker ett steg vidare så inser vi vilka som kommer att gynnas.

SD säger nej

Tyvärr kan vi ta för givet att i vart fall utredningens andemening kommer tillstyrkas av riksdag och regering vad det lider. Vänstern och liberalerna kommer inte säga ifrån, inte heller KD eller M. Ingen av dem vill ha ökat självstyre för vare sig kommuner eller människor. Alla är mer eller mindre nöjda med AB Sverige.

Därför är det föredömligt av SD att de opponerar sig mot utredningens slutsats. De vill inte se statliga incitament för sammanlagningar utan föreslår istället att staten tar över kommunernas skulder, utan motkrav om sammanslagning. Därtill vill de se riktade satsningar gentemot landsbygden, som höjda reseavdrag och sänkt drivmedelsskatt.

Perspektiv ovan- eller underifrån

I grund och botten handlar det om hur man ser på folk och land. Antingen utgår man från familjen (inte individen), det lilla lokalsamhället, kommunen och uppåt. Eller så ser man staten, myndigheterna och administrationen som överordnat och låter människor reduceras till konsumenter och producenter.

Nationalismen utgår alltid från familjen och vad som är bäst för den. Sammalunda gäller vår syn på nationen som helhet. De små kommunerna är ryggraden för en stabil nation och de ska vara så självstyrande som möjligt. Systemet ska utgå från den lilla kommunen och deras behov samt kommunernas möjlighet att kunna göra det som är bäst för sin egen kommun (vilket invånarna vet bättre vad det må vara än en politisk administration placerad långt bort från människorna).

Det svenska politikeretablissemanget har under årtionden arbetat för att det lilla, lokala och mänskliga ska sväljas av staten. Resurser och makt ska överflyttas, och politikerna ska få mer och mer makt att reglera de mindre beståndsdelarna.

Ta fasta på det lokala

Striden om makten över våra familjer och våra kommuner måste vara central för oss. Ju mer vi släpper ifrån oss, desto mer måste vi återta. Det säger sig därför själv att den svenska nationalismen måste ta striden för det lokala vid varje givet tillfälle. Att göra det är att ta ansvar också för nationen som helhet.

Här finns det stora möjligheter för var och en att lyfta fram idén om ett mer fritt Sverige, det fria Sverige (vilket alltid utgår från det lokala). Speciellt för den som kanske befinner sig i ett sammanhang där den öppna nationalismen fortfarande är känslig. Att stå upp för hembygden och arbeta för lokalsamhällets bästa träffar alltid rätt.

Det finns stor misstro gentemot centralmakten och vi ser tydliga tendenser att denna misstro hela tiden fördjupas. Staten visar sig mer och mer oduglig vilket tvingar folk att omvärdera sitt eget ansvar. Att kliva fram som en stark förespråkare för den mindre gemenskapen och att "ta saken i egna händer" är naturligt. Om vi som fria svenskar inte gör det så kommer andra fylla det behovet. Vi måste vara först på den bollen.

JALLE HORN
21 februari 2019

Kulturskribenter glömmer det egna folkets lidande

Två nya böcker under det nya året har redan kallats årets viktigaste böcker. De visar upp stora orättvisor. Men de får också många journalister att glömma fruktansvärda orättvisor som drabbar svenskar.

Ett par kulturskribenter på SvD har redan hittat årets viktigaste och bästa böcker. Många av landets kulturskribenter är villiga att hålla med. Även om orättvis-temat i böckerna får PK-veken att flamma upp hos svenska kulturjournalister rör det sig onekligen om två högintressanta teman.

Den ena boken är en roman eller memoarbok om hur författarinnan som 13-åring blev sexuellt utnyttjad av en välrenommerad medelålders författare i 80-talets Frankrike. Den andra boken handlar om hur samer tvångsförflyttades av statsmakten från och med 20-talet, varmed deras gamla kultur slogs i spillror.

Det är utan tvivel två laddade böcker och det är förstås mycket viktiga teman där intressanta orättfärdigheter behandlas. Båda böckerna är också välskrivna med ett träffande, berörande språk, enligt våra kulturskribenter. Man ska inte ta ifrån kulturjournalisterna deras reaktion av böckerna. Det är som sagt viktiga händelser som skildras, och vem slås inte av det starka innehållet. Men det ger samtidigt journalisterna möjlighet att glömma och strunta i det som sker framför ögonen på dem själva. Mer om det längre ner.

Vanessa Springora ingick som trettonårig ett förhållande med en känd fransk författare. Det skedde på 80-talet. I januari i år kom bomben när hon som vuxen gav ut en bok där hennes syn på saken skildras. Till saken hör att mannen i sina böcker skrev om valda delar av sina förhållanden med småflickor och småpojkar. Just det, han tog för sig av båda könen, och viktigt var att de var purunga. Faktum är att han helt öppet skröt om sina bravader – och fick mer eller mindre fullt stöd från den samlade kultureliten i Frankrike. Genom Springoras bok fick han möjlighet att se en annan sida av saken.

Som jag förstår det gick Springora in i förhållandet med liv och lust, men man får inte glömma att en trettonåring sällan har förmågan att förstå vidden och konsekvenserna av en sådan handling. Även om hon tydligen var rätt brådmogen, inte minst kulturellt (hon läste både den tidens författare och klassiker).

Hon verkar vilja skildra just en tonårings oförmåga att hantera ett (sådant) sexuellt förhållande och vilka konsekvenser det just medförde. Hon har varit tvungen att gå i mångårig terapi för att bearbeta händelserna och återfå självkänslan. Utan att hon förstod det berövades nämligen just hennes självkänsla genom förhållandet.

Springora bjuder på uppseendeväckande saker, utöver själva det pedofila förhållandet. Mamman, som var i förlagsbranschen, uppmuntrade dottern till förhållandet. Ingen myndighet ingrep i den direkt olagliga affären trots att mannen som sagt öppet skröt om det, i allt från teve till sina romaner. När hon kände tvekan inför förhållandet med gubben och sökte stöd hos ett kulturpar sade de att mannen är en viktig kulturperson som måste få leva ut sitt jag. Ja, nästan alla ställde sig på författarens sida och ifrågasatte hennes tvekan.

Springoras bok är således en uppgörelse med tidsandan som präglade ett par decennier efter 68-vågen samt den speciella franska andan där esprit och kultur ställs över människoliv. De mest kända kulturpersonligheterna (Sartre, de Beauvoir, Deleuze, Barthes, Derrida m.fl.) skrev rent av öppna brev till myndigheter och allmänheten där de krävde legalisering av pedofili.

Mannens förlag har nu snabbt rensat ut dennes böcker ur sitt sortiment. Men det är inte något Springora önskat. Istället är det – förvisso bland flera andra saker – en granskning av tidsandan hon velat skapa. En journalist som i ett populärt teveprogram 1990 ifrågasatte författarens pedofila vanor blev snabbt utfryst ur kulturetablissemanget. Man kan därmed förstå vikten av en sådan granskning.

Tvivellöst är Springoras bok en viktig bok det här året. I Sverige har boken förstås jämförts med Matilda Gustavssons bok Klubben, som kom förra året, och som belyser den s.k. kulturprofilen Arnault i Sverige och anknytningen till Svenska Akademien (han är gift med f.d. akademiledamoten Katarina Frostensson). Men jämförelsen är dålig. I Gustavssons fall rör det sig om vuxna kvinnor som blivit uppraggade av en kulturpersonlighet; han hade givetvis hög status och eftertraktade kontakter, varmed han lättare kunde förföra unga damer med kulturintresse. Men kvinnorna var ändå vuxna människor med förmågor som konsekvenstänkande o.d. vilka barn i hög grad saknar. Etablissemangets tystnad om Arnaults vanor kan inte på något hederligt sätt jämföras med det franska bejakandet av pedofila handlingar på 80-talet.

Den andra nyutgivna boken som har hyllats på kultursidorna är samen Elin Anna Labbas historiebok Herrarna satte oss hit. Om tvångsförflyttningarna i Sverige. I och med Norges självständighet fick inte Karesuandosamerna längre fritt tillträde till norsk mark. Därmed blev det mer "trångbott" på den svenska sidan. Den svenska staten lade sig nu i och påbörjade tvångsförflyttningar av samer, dislokation på byråkratspråk. Det hela genomdrevs av s.k. lappfogdar.

Olika samiska folkgrupper med olika språk och seder buntades ihop. Många grupper förlorade sina traditioner, sina gamla sätt att arbeta, sina levnadsmönster m.m. Deras rötter rycktes enligt modern tidsanda upp ur myllan. Tvångsförflyttningarna förstörde urgamla släktband, nätverk och flyttleder. Labbas ger röst åt de drabbade genom att ge deras version av händelserna, bl.a. genom intervjuer, berättelser, foton, brev och jojktexter.

Labbas bok belyser intressanta händelser och stora orättvisor, och liksom hos Springora kan man se boken som en kritik av en tidsanda, här modernitetens drivkraft att slå sönder traditioner. Våra kulturskribenters reaktioner är fullt förståeliga. Det är fruktansvärda saker som skildras. I båda böcker märks också en tystnad hos den etablerade hållningen; i Springoras fall lät man pedofilin helt sonika fortgå utan ingripanden, i Labbas bok är det tystnaden i svenska historieböcker som är graverande.

Samtidigt slås man över svenska kulturjournalisters oförmåga att jämföra de två böckernas händelser med det som händer med mängder av svenskar, däribland många flickor, i det nya Sverige, drabbat av massinvandring, PK-hysteri samt skrupellösa politiker och myndigheter. Tystnaden om sådana händelser är minst lika graverande som den svenska historieskrivningens undanskymmande av samernas öden samt Springoras öde i den tidens franska kulturklimat. Och precis som hände den journalist som ifrågasatte den franske författarens pedofila vanor har de svenskar som kritiserat massinvandringen och dess följder belagts med pariastämpel och frysts ute av etablissemanget.

Vad har nämligen hänt i Sverige de senaste årtiondena som en följd av massinvandringen? Väldigt många flickor, många av dem minderåriga, har våldtagits på det ena sättet grövre än det andra. I de fall gärningsmännen har gripits har många av dem fått straffrabatter och många har ursäktats för våldtäkterna på alla möjliga sätt från ett rätt enigt etablissemang. Dessutom har det ackompanjerats av en slående tystnad från etablissemangets sida. Var har alla orättvispassionerade kulturjournalister varit i de fallen?

På 30 år har Sveriges befolkning ökat med två miljoner människor, till stor del en ökning p.g.a. invandring. Hur har inte svenskars vanor, traditioner, nätverk, rötter, levnadsmönster m.m. slagits i spillror till följd av sådan massinvandring. Hur många familjer har inte sett sig nödgade att flytta när samhället runt dem hårdnar eller när deras barn plötsligt är ett av få som talar naturlig svenska? Vad är det annat än ett slags dislokation? Hur många svenskar har inte börjat bli rädda för att vistas utomhus på kvällar? Frågorna kan göras många och har alla det gemensamt att ett folks livssammanhang har bestulits dem, precis som drabbade de samer som tvångsförflyttades i den moderna staten Sverige.

Varför skriver inte kulturjournalisterna tårdrypande artiklar om sådana uppenbara övergrepp? Varför är de tvärtom olidligt tysta om sådana frågor? Tycker de att pedofila övergrepp är godtagbara i vissa fall? Gillar de att våldtäkter drabbar svenska kvinnor? Tycker de att det bara är orättvist när samer drabbas av uppryckta rötter alltmedan svenskar bör få leva med att deras hem och hemkänsla rivs sönder? Är det inte orättfärdigt när svenskar körs över av politiker och etablissemanget? Tydligen älskar svenska kulturnissar att hylla när orättvisor uppvisas i vissa exotiska fall, men de glömmer uppenbarligen gärna vad som sker på bakgården.

Kan det rent av vara så att fall som samerna och Springora hjälper svenska kulturskribenter att glömma de fruktansvärda lidanden som drabbar etniska svenskar? Högst troligt! När de dessutom gör paralleller till kolonialism och svensk tystnad angående Arnaults kvinnoaffärer (grova eller inte) uppfylls de av så mycket ressentiment och förtrytelse att de glömmer det ännu mera.

Man kan förstå det som en psykologisk-moralisk process hos kulturjournalisterna, men i grund och botten är det inget annat än ett fruktansvärt hyckleri. Även om inte alla hamnar i hyckleriets fåra! Det finns givetvis flera undantag från journalisternas eufori av att lyfta fram för dem passande orättvisor och glömma uppenbara orättfärdigheter framför näsan på dem eller sådant som inte passar in i det etablerade narrativet.

Anders Q Björkman skrev nyligen en kulturkrönika i SvD där han beklagar att teveserien Kaifatet ignorerar de kristna yezidierna som av IS slaktades, slavarbetade, togs som sexslavar, tvingades vara barnsoldater m.m. Han citerar bl.a. en tysk journalist som tagit sig an ämnet: "Barnen blev så ofta våldtagna att de dog av inre blödningar." God journalistik visar upp det som saknas i det offentliga samtalet för att visa spektrat av händelser och synvinklar. Men i de flesta fall väljer svenska kulturjournalister att blunda för sådant som inte passar in i propagandan.

Ens hem är ens allt. Det är en slutsats att dra av Labbas bok om samerna. När hemmet och hemkänslan förstörs, då förstörs ens värld. Vidare är våra svenska flickor det heligaste vi har eftersom de är våra framtida mödrar, det som håller vårt folk och vårt hem vid liv. Det kanske våra kulturskribenter och allehanda journalister ignorerar. Det betyder att vi till varje pris inte får sluta att rapportera om svenskars orättfärdiga behandling och öden.

Och helga vårt hem.

KRISTOFFER HUGIN
21 februari 2019

Hets mot folkgrupp – lagen värdig en bananrepublik

En illa omtyckt lag i Sverige, åtminstone från nationalistiskt håll, är lagen om hets mot folkgrupp. Den kritiseras hårt av bland andra Gustav Kasselstrand, och av god anledning. Lagen inskränker nämligen yttrandefrihetsgrundlagen och underminerar samtidigt rättssäkerheten.

Undertecknad blev själv dömd för hets mot folkgrupp under hösten 2018. Anmälare var djurplågaren känd som Näthatsgranskaren Tomas Åberg som hade infiltrerat en privat grupp på Facebook och riktat in sig specifikt på mig. Polisanmälan gällde åsiktsbrott, ledde till åtal och senare även till fällande dom. På samtliga åtta punkter. Med eniga nämndemän.

HMF-lagen reglererar i första hand yttringar av åsikter, inte brottsfall per se, och "brottet" har dessutom sällan några offer. En hel grupp anses vara offer för någons åsikt, även om ingen gjort anspråk på att ta tagit skada av åsikten. I de allra flesta fall är det kränkta vänsterblivna som gör anmälan, åtalar och utdömer straff. Åsiktsbrottslagen hets mot folkgrupp är en extremt folkfientlig lag och jag skall förklara varför.

För det första utgår lagen ifrån att majoritetsbefolkningen ska tåla "lite skit" bara för att den är majoritet, medan minoritetsgrupper inte anses tåla lika mycket. Utgår man ifrån att statsmakten eller befolkningen aktivt förtrycker minoriteter så kan jag förstå detta. Men så ser det knappast ut i Sverige. Våld och trakasserier utövas av minoriteter mot svenskar, så verkligheten är den omvända gentemot utgångspunkten. Således blir lagen ett direkt hot mot det svenska folket.

En rättsprincip är även att "alla är lika inför lagen". Men när man gör skillnad på grupper och tolkar lagen olika beroende på vem som är förövare och vem som är offer, så är alla inte längre lika inför lagen. Mig veterligen existerar inte en enda fällande dom för hets mot svenskar, sannolikt beroende på att sådana fall inte ens går till åtal. När unga invandrarmän ger sig på svenskar och uttrycker sitt förakt så utgör föraktet inget lagbrott, medan om en svensk fäller en olämplig kommentar mot dessa så är det plötsligt HMF.

Definitionen av "hets"

Hör man lagens namn "hets mot folkgrupp" så uppenbarar sig lätt en bild i ens inre där någon står och triggar igång en grupp utrustad med facklor och högafflar. En sådan situation är lätt att förstå att den inte vore helt okej, exempelvis genom att man uppmanar till våld mot en specifik grupp. Men nu råkar HMF-lagen vara betydligt lösare definierad än så – det räcker att man uttrycker sig nedsättande mot medlemmar av en specifik grupp för att detta ska räknas som lagbrott. Och vad är egentligen "nedsättande"? Tja, det kan vara allt från hat till legitim kritik och till vass humor.

Ingen av åtalspunkterna som undertecknad dömdes för uppmanade varken till hat, hot, våld eller förföljelse av någon utpekad folkgrupp. Däremot bestod punkterna av i vissa fall plump men harmlös satir till humor baserat på verkliga fakta. Problemet är att det är ovidkommande om det som framförs är sant eller ej – framförs det på ett sätt som kan avslöja en negativ värdering är det olagligt. Lite enkelt förklarat: du får rapportera offentligt om utomeuropeiska invandrares överrepresentation inom brottsstatistik, men du får inte ha en åsikt om den. Åtminstone inte en negativ åsikt. Detta innebär i praktiken att din rätt till att protestera mot att folkgrupp x begår våld mot din egen grupp eller din grupps intressen, är begränsad av lagen.

Man kan tycka att man bör komma undan med att hänvisa till yttrandefriheten eller till att humor går under denna, men så var icke fallet för undertecknad då nämndemännen avgjorde enhälligt att ingen av åtalspunkterna var rolig. Det framgick dock inte av domen om dålig humor är ett brottsrekvisit eller ej.

Avsikterna

En punkt som kan vara avgörande för ett rättsfall är avsikterna före ett brott begås. Detta kan vara väldigt knepigt att avgöra men kan påverka utfallet. Om du slår någon på käften så är det ganska tydligt att du avser att skada motparten, men om denne råkar snubbla, slå i huvudet och avlida är det lite klurigare. Det brukar dock framgå av sammanhanget att avsikten sannolikt inte var att döda motparten.

När det gäller HMF gäller dock helt andra regler än vid riktig brottslighet.

Om det du yttrar är gjort i humoristisk eller i annan mening, men att det kan tolkas som nedsättande, då är risken stor att det är precis så som rätten kan komma att tolka. Det vill säga till din nackdel. Vad du säger var din avsikt blir däremot helt irrelevant ur rättens perspektiv eftersom det i slutändan är nämndemännen som avgör om du hade för avsikt att hetsa mot en folkgrupp eller ej. Om du visste att det du uttryckte var HMF så måste ju din avsikt varit att sprida hat, annars hade du ju varit tyst, eller hur?

En annan bisarr aspekt är frågan om huruvida uttalandet gjordes privat eller offentligt. Min dom stod det uttryckligen att när antalet närvarande är fler än tio personer så är det offentligt, och att anledningen till detta är för att "begränsa rasistiska organisationers möjlighet att yttra sig".

Detta innebär i praktiken att om du säger något som kan tolkas negativt på en hemmafest med fler än tio personer som närvarar och någon dokumenterar detta och laddar upp på nätet, så kan du åtalas för detta. Då är detta likställt med att du stått inne i centrum i valfri stad och gjort uttryck för samma vedervärdiga värdegrund. Samma sak om du kommenterar i en privat chatt på nätet där fler än tio personer deltar. Och om du gjorde ditt uttalande offentligt så måste ju din avsikt varit att sprida hat, annars hade du ju varit tyst, eller hur?

Det spelar alltså mindre roll om du inte kände till detta och du trodde du befann dig i ett slutet sällskap, för antingen går man stenhårt på lagens definition av "offentlighet" eller så kan rätten hävda att du borde känt till denna gränsdragning och döma dig ändå.

Skuldfrågan
När rätten har konstaterat att ett uttalande uppfyller rekvisitet för ett brott så skall skuldfrågan avgöras. Det vill säga, var det den åtalade som utom rimligt tvivel begick brottet?

Nu är det dock så att "ställt utom rimligt tvivel" inte gäller vid hets mot folkgrupp – skuldrekvisitet är lägre än vid riktig brottslighet. Om det gäller grövre brott som mord så utgår man ifrån att om det inte är ställt utom rimligt tvivel att den åtalade begått brottet, så skall denne frias. Detta för att man inte vill döma oskyldiga människor på bekostnad att skyldiga ibland kommer undan. Men när det gäller HMF så gäller i stället hur sannolikt det är att den skyldige begick det påstådda brottet. Det är alltså tvärtom – hellre döma någon som sannolikt är skyldig framför att fria. Detta gör att bevisningen mot den åtalade har betydligt lägre krav än mot riktig brottslighet. En skärmdump på en kommentar i sociala medier räcker ofta som teknisk bevisning, även om en skärmdump enkelt kan manipuleras. Jag skulle själv kunna klippa och klistra ihop en bild i MS Paint som skulle duga som bevismaterial! Det är således inte otänkbart att en vänsterbliven utredare hos polisen själv skulle kunna fabricera "bevismaterial" som ges till åklagare som åtalet sedan bygger på. Givetvis gör detta ett sådant fall extremt rättsosäkert.

I mitt eget fall så förväntade jag mig att åklagare hade begärt ut trafikdata som skulle kunnat knuta mina digitala enheter till ett viss datum och till en viss ip-adress. Men icke! Skärmdumpar var den enda bevisningen som fanns, något som nyligen

inte visade sig räcka i ett fall i hovrätten, dock då det visade sig att polisen själva
inte hade gått in och säkrat bevisen.

*" I tingsrätten förnekade mannen brott och ifrågasatte bland annat att inlägget
publicerats från hans konto och förklarade att det i så fall måste ha varit någon
som obehörigen använt hans konto vid tillfället.*

*I ljuset av att det idag får anses vara allmänt känt att en bild som den aktuella, det
vill säga en skärmdump, enkelt kan manipuleras och förfalskas menar hovrätten
att det inte är tillräckligt utrett om skärmdumpen motsvarar publicerat innehåll på
Facebook.*

Redan på den grunden ska den tilltalade frikännas. "

Mannen i fråga får således sägas haft tur på grund av att polisen slarvat och enbart
gått på anmälarens skärmdump och inte säkrat bevis själva. Poängen är dock att alla
knappast har den här turen utan beviskraven, i synnerhet i tingsrätten, är mycket
låga. Dessutom är du i princip skyldig tills motsatsen bevisats, trots att du inte ska
behöva försvara dig i tingsrätten. Rättegången baseras på att åklagaren ska bevisa
att du är skyldig till det du anklagas för och nämndemännen avgör om åklagarens
argumentation håller eller inte. Men eftersom nämndemännen är politiskt utsedda
lekmän tillsammans med utbildade jurister så kan utfallet bli lite hur som helst,
vilket även det är extremt rättsosäkert. I synnerhet om dessa är vänsterblivna och
faktiskt vill se dig fälld, oavsett hur svag bevisningen är. Åsiktsbrott är ju trots allt
extremt allvarliga och ett hot mot den liberala demokratin som ser till att dessa
nämndemän har ett jobb.

Sammanfattning
Lagen om hets mot folkgrupp är en liten lag med stora implikationer och konse-
kvenser. Dels är den luddigt formulerad och kan tolkas lite hur som helst, dels är
det påstådda brottet oftast helt utan offer och dels är den ett politiskt vapen som
inskränker yttrandefriheten. Det har till och med gått så långt att det inte längre bara
är etniska folkgrupper som omfattas, utan även religioner. Nä, inte kristendomen
eller asatron, ni vet vilken religion jag menar.

Räkna med att, likt hur Näthatsgranskaren stoltserar med hur många framförallt
svenska pensionärer han anmält, att den kommer tillämpas hårdare ju mer missnöj-
da människor blir mot den förda politiken. Och det finns gott om folk som lobbar
för att inskränka yttrandefriheten ännu mer. Mitt budskap är att aldrig ge er, men
uttryck er smart på internet och räkna med att bli anmäld. Och blir ni det, ge dem
inte ett lillfinger för då kommer de hugga direkt. Vet dina rättigheter. Polisen försö-
ker nämligen gärna pressa den anmälde på ett sätt de inte har rätt till och systemet
vill straffa folk med "fel" åsikter.

Trenden allt mer tydlig: svenskar vill bo bland svenskar

Att fler och fler svenskar vill bo i svenska områden och kommuner. Nu visar det sig åter igen att trenden med etniska enklaver håller i sig. Staffanstorp, som har profilerat sig som en lugn svensk kommun utan mångkulturell kriminalitet, ser hur befolkningen ökar, då fler och fler svenskar väljer att flytta dit.

I torsdags släppte SCB sin undersökning angående befolkningsstatistiken i Sverige. Vad man kunde konstatera var att invånarantalet i Sverige har ökat, främst till följ av den massinvandring som präglat landet de senaste årtiondena, då landet har släppt in över en miljon främlingar på tio år.

I SCB-undersökningen kunde det även konstateras att skånska Staffanstorp ökar i invånarantal. Kommunen har gjort sig känd som en trygg svensk kommun där man slipper mångkulturella förnedringsrån och bilbränder. Nyligen presenterade kommunen en reklamfilm som blev anklagad för rasism av politiskt korrekta bedömare. Det får man ta som ett gott betyg.

"Befolkningsökningen i Staffanstorp förra året blev den största sedan början av 1990-talet. Stark trend med inflyttning från andra kommuner. 672 nya invånare under 2019", skriver Staffanstorp kommun på Twitter. Det är en tydlig befolkningsökning man kan se i Staffanstorp. Den totala inflyttningen till den utmålade svenska idyllen förra året var 2.147 personer varav 1.813 från det egna länet och 160 från övriga Sverige.

Egentligen ingenting konstigt
Att människor vill bo bland sina egna torde vara ett uttryck lika gammalt som mänskligheten själv. I dagens mångkulturella Sverige är det därför inte konstigt att olika etniska grupper bosätter sig på platser för dem själva. Albaner har sina områden, somalier har sina och så vidare. Problemet tills nu har varit att svenskarna har

tvingats ge upp mot grupper av främlingar i många områden. Därför är det positivt att se hur fler och fler svenskar går samman och väljer att bo och skapa sina idyller utan mångkulturen. För sanningen är den att de flesta svenskarna inte vill bo bland importerade problem.

Föreningen De fria Sverige har sedan några år tillbaka arbetat för att svenskarna just ska flytta samman och därmed kunna tackla de utmaningar som det mångkulturella samhället innebär. Att kunna skapa sina egna skyddade zoner där barnen kan släppas ut utan att riskeras att förnedringsrånas av Löfvens skäggbarn. Det är därför otroligt positivt när en svensk kommun tar sitt ansvar och väljer en ny kurs. En kurs bort från kaos och mångkultur.

JOHAN SVENSSON
22 februari 2019

Skidbacken – och andra vita bastioner

Det finns fortfarande platser där vi kan vara med våra egna. Svegots krönikör delar här med sig av några sådana ... på det sätt som bara han kan.

Vi bestämde oss för att åka till ett nytt ställe på sportlovet. Familjen har åkt skidor i Norge, Sverige och Alperna men i år bestämde vi oss för att prova något nytt. Vi åkte till Pyrenéerna. Snacka om lyckträff. Veckan innan vi kom dit dumpade det en dryg meter snö och vi hade strålande sol varje dag vi var där. Det var bara att buga och bocka. Det är inte speciellt ofta som man måste smörja in trynet med solskyddsfaktor 50 på en skidsemester, men i år var vi tvungna att göra det. Billigt att äta och dricka var det också.

Det var en härlig vecka. Barnen var glada och avancerade en hel del i sin åkning. Vi vuxna var i vår tur glada över glada barn och härligt väder. Ett och annat glas cava i solen med vidunderlig utsikt över de vackra bergen gjorde förstås sitt till.

Natur, motion och familjegemenskap. Vad mer kan man begära? Jo, att det är vitt. I dubbel bemärkelse. Och etniskt sett är skidåkning en av de få sista vita bastionerna. Även om vi befann oss på sydligare breddgrader var det i stort sett etniskt homogent uppe på bergen. Det är likadant om du åker till skidorter i Norge, Sverige eller Tyrolen. Främlingarna förstår sig inte på natur och motion och det ska vi givetvis vara glada över. Det är oerhört skönt att det finns denna typ av andningshål där man kan få slippa skränande araber och tjattrande afrikaner. De får hemskt gärna skrika och tjattra om de nu så förtvivlat gärna vill. I sina hemländer. Vill jag ha skrik och tjatter så kan jag ju resa dit i så fall (antyder att något sådant skulle vara av intresse...).

Över året går mina stora vita gemenskaper i säsonger. Under säsongen reflekterar jag över detta, då det står i så bjärt kontrast till det vardagliga multikultiinfernot. Under vinter och vår har jag skidsäsongen. Under sommaren har jag båtlivet. Under hösten (och andra delar av året) har jag jakten. Skidor, båtliv och jakt har det gemensamt att det är vita fritidsintressen. De har också det gemensamt att det är naturbaserade upplevelser.

Kolla på mellanösternmänniskorna på din ort. Är det ett sportigt gäng? Nja, inte direkt va? De går på gymmet men dit går de bara motiverade av fåfänga. Man vill ha muskler att kråma sig med. Men på fritiden? De går inte ut i naturen och de uppskattar inte årstidernas skiftningar. Allra helst sitter de på någon uteservering och dricker Red Bull och röker cigaretter, spanandes efter berusade kvinnor att utnyttja. Handen på hjärtat – kan ni ens se dem överleva en campinghelg? Tio mot ett att de skulle göra i brallan vid åsynen av första igelkott.

Under en veckas skidåkning på en stor vintersportort i Pyrenéerna såg jag en enda svart man. Han åkte skidor och ingick i ett i övrigt helvitt brittiskt resesällskap. Han och hans vänner stod framför oss i liftkön. Det var dock inte hans hudfärg som fick mig att uppmärksamma honom. Snubben pratade en så bred cockneydialekt att jag förväntade mig att det skulle utbryta afternoon tea runt oss vilken sekund som helst om han fortsatte att prata. Från ingenstans skulle kypare med stärkta vita kragar komma indansande med tékannor, light sandwiches och bord med vita linnedukar. Mary Poppins skulle komma inseglande med sitt paraply ovanför liften och fullskalig musikal braka loss. Detta skedde dessbättre inte. Det är svårt att dansa iförd pjäxor. Tro mig, jag har provat det på åtskilliga after skier. Hur som helst är skidåkning en klart vit aktivitet. Det är inte för utan som många av främlingarna i vårt land hänvisas till som kommande från "icke skidåkande nation" av kriminalvården.

Båtliv är en inte bara implicit utan explicit vit aktivitet. För det första kommer många av invällarna från ökenländer. Simning och båtliv är liksom inte riktigt en naturlig aktivitet för dem. Ni minns väl hur det svenska föreningslivet kastade sig över alla stackars ensamkommande "barn" och skulle lära dessa att simma? Tack som tusan Svenska Livräddningssällskapet. Nu har vi dem på badplatserna också. Apropå nysvenskar på badplatser: jag minns för ett antal år sedan då jag och dottern var på en badplats i Västsverige. Ett gäng unga och givetvis högljudda invandrarkillar gick förbi som att de ägde stället. Deras språk var fascinerade. Jag tror att gruppen på tio personer var uppe i cirka 100 "mannen" per minut. Det var en solig försommardag. Plötsligt ser jag en av dem gripas av stunden. Han går liksom lite långsammare än de andra och ögonen fastnar på havet som glittrar likt en miljon diamanter i solen. Lätta moln driver förbi. Himlen och havet är så intensivt blå som man tänker sig att det ska se ut en vacker sommardag. Han grips av stunden och försöker kommunicera sina känslor till sina kamrater: "Ey – kolla vilket coolt vatten". Poesi.

Alltså får svensken ta till båten för att komma undan alla dreglande våldtäktshazarer och badplatser fyllda av hiphopens bongotrummedunk. Ute till havs är du faktiskt fri från multikulturalismen. Det finns liksom inget intresse för segling eller motorbåt i förorterna. Varför äga en Hallberg-Rassy när du kan äga en Mercedes? Därtill är jag övertygad om att havet, denna okända miljö, skrämmer livet ur dem. Om du går genom en valfri gästhamn om sommaren är det vitare än ett Ku Klux Klan-rally. Men istället för att elda kors tänder båtfolket sina portabla små grillar i gästhamnarna. Det har också sin charm.

När så höstvindarna driver in och löven färgas röda tänds en annan längtan i svenskens bröst: jakt i höstskogar. Jag har tidigare på denna sida skrivit om jakt och ett mer ursvenskt fritidsintresse finns väl knappast? Du får möta naturen, uppleva spänning, se vilda djur och lära dig massor om flora och fauna. Därtill så lär du dig korrekt vapenhantering och ansvarsfullt vapenägande och det är nog så viktigt i sig. Babbarna däremot skjuter helst med smuggelvapen från Balkan. Jägarexamen? Jaktvapen för en kriminell karriär? Det är det väl bara Morgan Johansson som tror på. Det är ju bara att knacka på hos den lokala hälaren i trappuppgången bredvid så fixar han bonusgranater åt dig också. Vet ni vad en handgranat kostar på svarta marknaden förresten? Cirka tjugo kronor. Köper du ett par andra vapen så kan hälaren bjuda på några granater. En sorts förorts-happy hour.

Nej, vi ska nog vara glada att vi vita svenskar få ha detta fritidsintresse för oss själva. Det sista vi vill är väl att Muhammed och Ahmed ska gå ut i skog och mark och brassa på med full auto mot något stackars rådjur. Att jaga älg med handgranater känns ju också ganska stökigt. Framför allt skulle det störa viltet för oss seriösa jägare. Men vi behöver inte oroa oss för det. Främlingarna vill stanna i sina städer och förorter. De är livrädda för skogarnas torn och markernas majestät.

Skidor, båtliv och jakt. Jag är inte ensam om att ha dessa intressen. Vi har ett helt vårlov som heter sportlov dedikerat till skidåkning. Var sjätte svensk äger en fritidsbåt. Det finns cirka 300 000 jägare i Sverige. Dessa aktiviteter är näst intill explicit vita. Så nu undrar jag – vilka vita fritidsintressen har just du, kära läsare? Vilka tips har du att dela med dig av? Logga in och dela med dig av dina favoritintressen i kommentarerna nedan. Kanske har du ett jättebra tips som någon annan skulle ha glädje av? Kanske är du sugen på att börja med något och söker andra att göra det med och är osäker på hur du ska börja? Kanske har du ett intresse som inte är vitt men som du vill göra vitare tillsammans med andra likasinnade? Låt se vad ni har att komma med så kanske jag kan skriva om det framöver? Jag vet att jag har varit usel på att svara på era kommentarer men det är för att jag inte har vetat om dem. Detta ska det bli ändring på. Tack för alla glada tillrop, musiktips och synpunkter. Vi ses i kommentarerna, gott folk!

EVA-MARIE OLSSON
24 februari 2019

Manligt och kvinnligt bland möss och människor

Förnöjt sitter den naturliga ordningen och blickar över skapelsen. Människor försöker förhäva sig och minsann inte falla in i stereotypen. Men så händer något och där är vi – precis som vi ska vara.

Man går där och känner sig så modern, och den känslan började för undertecknad redan på 70-talet. Slitna jeans, collegetröjor och långt hår, så såg vi ut både unga män och unga kvinnor, klänning var töntigt och slipsen var ett helt onödigt och passé klädesplagg. De vuxna skakade sina huvuden och ansåg att dagens ungdom var som sjaskiga slashasar. Kunde vi inte se det själv? Nej.

Mitt under jeansuniformstiden under tidigt 80-tal smög sig velour in och blev modernt. Vi lyssnade på proggmusik och då var det skönt att klä sig mjukt och mysigt. ”Revolutionen” och ”klasskampen” skulle föras med musik, knutna nävar och dyra trendiga plagg i ljungfärg från butik Jane Wikström.

För en ung man skavde denna mjuka dräkt, det var liksom mot naturen. Men vad förstod vi starka kvinnor något om det. Unga män formligen släpades mot sin vilja in i mjukisbutiken för husfridens skull. När man ser tillbaka till den tiden då kommer skuldkänslor fram. Våra män var så snälla, men kanske allt för fogliga. Det är dags att rannsaka sig och ett förlåt är kanske på sin plats, det vill säga ifall man fortfarande har sin man vid sin sida trots allt man styrt och ställt med. Förlåt. För min egen del gör jag bot genom i nutid kämpa mig med på sessioner inne på Clas Ohlson.

Det var en tid med självklar devis om lika lön för lika arbete, att man sen valde ett kvinnodominerat jobb med låg lön kan man inte skylla någon annan för än sig själv. Vi män och kvinnor är likadana, lika duktiga, precis lika smarta och exakt lika modiga, tills en dag man finner att som kvinna uppföra sig precis som stereotypen av kvinna i seriemagasin. Vem ställde sig upp i sängen 1984 och skrek på hjälp då en liten mus på sina kvicka ben sprang i sovrummet? Jo jag.

Kanske har vi kvinnor det medfött och reagerar reflexmässigt då vi visar oss svaga när ett djur av den minsta sorten korsar ens väg, förr var det förmodligen vargar, björnar och mammutar som papporna beskyddade mammorna och barnen mot, och nu är det möss. Då det begav sig var vi i sommarstugan och jag satt i sängen och ammade vår nyfödda son, mitt framför mina ögon sprang en mus. Min högra arm flög ut som i reflex och tjongade på och väckte bryskt upp mannen vid min sida.

Där stod jag så i sängen vettskrämt steppande och pekade ut för den omkring-stapplande och halvt sovande mannen var musen tagit sin tillflykt. Trots kalabaliken i stugan åt sonen lugnt vid mitt bröst allt medan min beskyddare och hjälte vimsade än hit och än dit i takt med den till vettet skrämda musens kamp för sitt liv. Musen fick leva och sprang ut i natten genom dörren, jag slutade skrika, lugnet lade sig och vi somnade till ljudet av ollonborrarnas dunsande mot rullgardinen.

Lärde jag mig något av denna händelse, nej inte ett dugg utan jag har med åren upplevt fler händelser av ungefär samma sort och insett att mina reaktioner sitter djupt. Två år senare hände det igen men med en helt annan utgång, för musen. "Mamma det är en mus i dammsugaren" sa sonen som hunnit bli två år sen sist hans mamma så där kvinnligt och stereotypiskt tappade allt (utan honom) inför naturens nycker.

Denna gång utspelade sig "äventyret" på Kinnekulle i ett gammalt torp, våra barns farfar föddes på 20-talet i detta lilla röda hus med vita knutar på högkullen i vackra Västergötland. Hur som, i detta torp hade familjen haft några härliga sommardagar och nu stod vi i lag med att resa hem till Malmö. Jag satt på knä framför sonen för att knäppa hans sommarsandaler, det var då han såg en mus i Nilfisk-dammsugaren som stod framme i köket. Till er som inte vet så ser en sådan dammsugare ut som en silvrig rymdfarkost på höjden.

Nej sa jag, det är bara trädens blad som speglar sig i dammsugaren. "Nu tittar den ut igen" sa sonen. En bra mor vänder sig om för att titta på det som inte finns mer än i barnets livliga fantasi, och det var då jag gjorde det igen, jag skrek och tog ett språng upp på en hög pall medan musen sprang tillbaka in i röret. Allt gick så fort och mannen kom undrande och till försvar ifall något livsfarligt hade hänt. Som sagt musen sprang tillbaka där den bodde, och det var i Nilfisken.

Så vad göra, jag kom snabbt på det och det var att mannen i mitt liv instruerades att försiktigt bära ut dammsugaren till trädgården och lägga ner röret så att musen kunde springa ut i naturen, sagt och gjort så blev det, och musen flydde sin kos. Men. Tänk om det fanns ungar i maskinen, såklart gjorde det det. Dammsugaren öppnades och med en pinne petade jag – jag menar, petade mannen bort en del av det packade dammet och där under låg en hög med rosa nakna musungar.

Nu var goda råd dyra och återigen instruktioner till barnafadern, denna gång 1) in med dammsugaren igen, 2) försiktigt gå upp på vinden, 3) slangen och röret på golvet så att mamman kunde komma till sina små igen.

Sen for vi hem, till svärfar som skulle dit efter oss lämnade vi en lapp med information om att dammsugaren som numera var ett djurnäste skulle hanteras varsamt. Jodå han hade läst det vi skrev och så var den sagan all, och mössen ett minne blott. Fråga mig inte hur han gjorde för det vet jag inte, han berättade aldrig det då jag och hans son var barn av vår tid och alldeles för blödiga för ett riktigt rätt naturligt naturliv.

Vän av ordning kanske protesterar om att jag drar alla kvinnor över samma kam och menar på att kvinnor är mesiga när det gäller möss och sådana räliga djur, då har ni rätt. Det finns såklart alltid undantag som bekräftar regeln och ett sådant undantag är vår goda granne. Hon kom härförleden inom för att visa så duktig hon varit då råttan som gäckat henne under en längre tid äntligen var infångad, och död. Den var stor, den var luden och den var stendöd. Tack och lov för det.

Vi människor måste inte kunna allt, män och kvinnor är lika bra men ibland på vitt skilda saker och områden. Att borra i väggar, fälla träd, hiva upp dränkpump, torka bort skitslam, rensa brunnar, bygga hus, defragmentera datorn och beskydda familjen mot möss och människor är sånt som många män är riktigt bra på. Att hålla ihop familjen, planera matinköp, hålla koll på födelsedagar, föda barn, hålla rent i badrummet, klä barnen fina för kalas, och vara som lejoninnor för sina barn ifall någon kröker ett hår det är kvinnor riktigt bra på. Män och kvinnor är tuffa, och ibland svaga och mesiga, vi är väl som folk är mest.

JALLE HORN
25 februari 2019

Hur stoppar vi sossarna egentligen?

Hur stoppa sossarna från att döda landet Sverige med sin vettlösa politik? Hur läget än ligger tycks de kunna vända saker till sin fördel, t.ex. arbetslöshets-siffror. I grund och botten beror det på att vänstern har föreställningar om rättvisa på sin sida. Hur kommer vi därifrån?

Under februari har vi återigen fått höra att arbetslösheten har stigit i landet. Nu ligger den på hela 7,5 procent, enligt SCB. Och den här sortens siffror brukar vara friserade; arbetsmarknadsåtgärder och minianställningar på upp till en timme om dagen brukar inte vara inräknade i de officiella arbetslöshetssiffrorna. Den verkliga arbetslösheten är säkert betydligt högre.

Den här gången nämns inte heller hur många av de arbetslösa som är svenskar eller invandrare, men sådant har redovisats tidigare och alltid sett likadant ut: arbetslös-heten hos invandrare är ofattbart mycket högre än hos svenskar. Bland svenskar ligger den bara runt ett par procent.

Men det blir allt svårare att undersöka sådana förhållanden. Undersökningar där man har tagit hänsyn till eventuell invandrarbakgrund har knappast utgått från et-nicitet – eller ras med finare språkbruk – utan kriterier som första och andra gene-rationens invandrare, när människor har fått sina PUT, medborgarskap etc. Men när räknas invandrarna som naturaliserade? Det här är en viktig fråga eftersom statsmakten nuförtiden har som uppenbart mål att inte särskilja svenskar från in-vandrargrupper utan bunta ihop alla som vistas i landet. Till slut skulle det enligt statsmaktens logik inte gå att skylla på invandringen när det gäller en för staten så fundamentalt viktig fråga som arbetslöshetssiffrorna.

Den gamla stammens sossar, som ändå ville styra staten någorlunda förnuftigt, var noga med den sortens statistik som håller reda på vilka grupper som är mer arbetslösa än andra, eftersom den kunskapen är grunden för att skapa rätt sorts åtgärder. Men dagens sossar ser större vinster i att strunta i sådan kunskap eftersom synliggörandet främjar andra politiska krafter. Statistiken ser nämligen likadan ut på alla områden: arbetslöshet, brott, skolresultat, vårdbehov – invandrare är överrepresenterade till det negativa överallt.

Dessutom har etablissemanget, vari sossarna är en självklar del, byggt upp en värderingsgrund – om än bara på låtsas eftersom den är mer eller mindre tom på betydelse – som säger att man inte får ställa grupp mot grupp, inte markera mot minoriteter m.m. Länge har det hetat att hög arbetslöshet bland invandrare beror på strukturell rasism. Det har varit ett försvar för en misslyckad politik och ett sätt att få svenskar att tro att dålig politik beror på dem istället för regeringarna. Samtidigt har det varit sättet att markera mot partierna på högerkanten, främst uppstickarna SD.

Men nu har alltså arbetslöshetssiffrorna stigit markant, med hela 1,0 procentenheter jämfört med för ett år sedan – 59 000 fler arbetslösa personer. Vår skojarregering har lovat att Sverige ska ha de lägsta arbetslöshetssiffrorna i Europa om de får styra fritt. Samma glada budskap har de sagt om skola, vård m.m. Ja t.o.m. kriminaliteten på sätt och vis. Den allmänna retoriken lyder att brotten var mycket mer frekventa för 30-40 år sedan och att vi lever under förhållandevis lugna tider. Med sådana lögner försvarar sig dag efter dag våra skrupelfria politiker.

Ett stort problem med just arbetslöshetsfrågan är att vänstern, i första hand socialdemokraterna såsom det statsbärande partiet på vänsterkanten, tycks vinna hur än läget är. När arbetslösheten minskar p.g.a. konjunkturuppgång tar sossarna åt sig äran genom att klargöra hur fantastisk deras arbetsmarknadspolitik. När arbetslösheten ökar heter det istället att det beror på konjunkturerna men att de tar ansvar för att hålla ned siffrorna med arbetsmarknadsåtgärder och att i rättvisans namn ge människor ordentliga bidrag. Vid bra tider röstar människor på dem för att det är bra tider, vid dåliga tider för att de får generösa bidrag. De borgerliga partiernas och Sverigedemokraternas större krav på arbetslösa utmålas som ytterst orättvisa och förödande för landet.

En annan del av problemet är att vänsterpartierna har legitimiteten att svänga med sådana resonemang. Det gör de av tradition. Svensk politik samt retorik och opinioner kring politiken, har de senaste hundra åren i oerhört hög grad präglats av en simpel syn på rättvisa mellan klasser och könen. Högerpartierna vill ha hunsade hemmafruar, undertryckt arbetarklass, kadaverdisciplin i skolan o.s.v. har det skanderats. Och nu senast heter det nästan att SD vill utrota alla mörkhyade människor.

Problemet är att det på många sätt ännu går hem i opinionen. En färsk undersökning av SVT/Novus visar att unga kvinnor mellan 18 och 29 år till mycket stor del skulle rösta på de vänsterliberala partierna om det vore val idag. Hela 68 procent av unga kvinnor föredrar V, MP, S, L och C, främst Vänstern och Centern, vilka får högst siffror. Trots att dessa partier ser mellan fingrarna på alla våldtäkter begångna av invandrare, att många kvinnor inte vågar gå ut på kvällar, att kvinnor tvingas anpassa sig efter misogyna förhållanden i områden med muslimsk majoritet m.m. röstar alltså unga kvinnor på de partierna.

Det säger allt om den förhärskande retoriken kring rättvisa och andra moraliska frågor i politiken. De unga kvinnorna lockas av sådant som berör jämställdhet, miljö och klimat till skillnad från män som intresserar sig för sakfrågor, styre, EU, kriminalitet o.d. Kvinnor vänder sig till de partier som lockar med moraliska budskap.

Man kan förstå Sverigedemokraternas uppmjukade retorik och politik i en mängd frågor, t.o.m. invandringen, i syfte att locka till sig de här gruppen kvinnor. Men det är inte bara en farlig väg att gå utan helt fel väg. När man tummar på sina ideologiska principer blir man dels schizofren – vad är det man egentligen vill, vad är blott falska locktoner i budskapen? – och dels börjar man anpassa sig till vänsterns retorik och politik. Plötsligt vill man ha mer invandring, progressiv föräldraförsäkring, mer dagis, mer feminism m.m.

Tvärtom måste de svenska högerpartierna stå fast vid sina ideal och påminna vänstern om deras falska ideal, ty alla föreställningar om full frigörelse, klimatskuld, total rättvisa m.m. är falska. De har inte bara lett till kaos i de västeuropeiska länderna i vår tid utan också skeva föreställningar och rent av tomhet när det gäller moral, vanor, seder och traditioner, själva essensen av livet i gemenskap med andra. Kvar finns blotta progressiviteten.

Högern måste förlita sig på den politiska kraften i begrepp som familjeliv, folket, svensk sed etc. Partierna måste förklara hur deras arbetsmarknadspolitik är bättre. Den förra borgerliga regeringen lyckades faktiskt övertyga svenskarna om det i åtta år – tills Moderaterna började anpassa sin politik efter vänsteretablissemangets krav och därmed inte stod för något mera, och förlorade valet. Om dagens unga kvinnor hellre vill rösta för fler afghaner i landet, ja då får de lämna de kvinnorna därhän och lägga mer energi på de 32 procent unga kvinnor som faktiskt vill ha högerpolitik. Allt eftersom vindarna vänder kommer de 32 procenten locka över fler unga kvinnor, inte partierna.

Högerpartierna måste också ständigt påminna vänstern om deras falska, skrupellösa politik och retorik. Så fort en sosse eller liberal anmärker på orättvisor eller sin duglighet måste man säga att han är en klåpare och lögnhals. Sossarna i synnerhet och vänstern i allmänhet måste höra att de inte kan äta kakan och ha den kvar. De kan inte vara bra både när arbetslösheten är hög och låg, när skolresultaten är bra och dåliga, när vården fungerar och är i kaos. De måste höra att de ljuger om invandringens ekonomiska fördelar. De måste höra att de är fifflare, hästhandlare. De skapar inte rättvisa utan tvärtom i längden kaos, lidande och tomhet.

Men framför allt de moraliska attityderna återerövras. Vad är egentligen rättvist för människorna i landet? Vad är sunt i ett familjeliv? Vad är en bra skolgång? O.s.v. Människor har ett grundläggande behov av moraliska sammanhang där viktiga känslor får utlopp. De måste tillhandahållas. Därför måste högerpolitiker visa det moraliskt sunda i den egna politiken. Det sker genom förlitan på den egna hållningen, inte att glutta på vad ett galet tyckaretablissemang säger. Borgerligheten i Sverige har misslyckats med det i sjuttio år nu, men med den nynationalistiska vågen är vägen banad för att äntligen lyckas.

Det här måste ske lika mycket på individuell som politisk nivå. Vanliga svenska medborgare måste i ord och handling uppvisa och påpeka sådant. Här har nationalister både ett ansvar och en fantastisk möjlighet. Nationalistiska medborgare och familjer kan gå i bräschen genom att visa upp och stå för ett gott och sunt liv utanför den populära, progressiva, moderna vägen mot kaos.

Vi nationalister kan hålla i taktpinnen när landet så småningom går mot sundare tider.

Daniel Frändelöv
25 februari 2019

Experterna undrar varför folk flyr storstäderna

Allt fler flyr storstäderna. I Stockholm, Göteborg och Malmö är det fler som flyttar ut än in. Men vad detta beror på är inte experterna överens om.

Kan det vara amorteringskrav eller bostadsbrist eller ålderssammansättningen? Något har hänt för storstäderna blöder. Flyttnettot ligger på minus 4 000 personer i Stockholm, 2 500 i Göteborg och runt 1 000 i Malmö. Det visar nya siffror från Statistiska centralbyrån.

Extra tydlig är trenden i Stockholms län där det ökat rejält. På bara ett år har utflyttningen åttafaldigats, från 197 till 1 676 personer. Detta är givetvis bekymmersamt, särskilt då det framförallt gäller unga människor i åldern 20-24 år, människor som precis är på väg in i arbetslivet och då kan bidra med de eftertraktade skattekronorna.

Experterna oeniga
Vad utflyttningen beror på är inte experterna eniga om. Bostadsmarknaden ses som en orsak och det stämmer säkerligen. Väntetiderna på en hyresrätt är i vissa fall över tio år och den som istället vill köpa en bostadsrätt får betala hiskeliga summor. Att låna pengar har även blivit svårare sedan det införts amorteringskrav.

Det gör även att det blir svårare för barnfamiljer att skaffa sig ett större boende, och därför väljer de att flytta utanför storstäderna där det är både billigare och bättre att bo. Men Roger Andersson som är seniorforskare i kulturgeografi tror inte att detta är förklaringen. Istället är det själva ålderssammansättningen på befolkningen utflyttningen beror på. Vi har helt enkelt en stor del av befolkningen som är i familjeskapande ålder, och eftersom dessa tenderar att lämna storstäder, till skillnad från unga som flyttar in i dem, har vi en nettoutflyttning.

Andersson påpekar även att Stockholms positiva flyttnetto de senaste 40-50 åren (!) nästan uteslutande drivits av utlandsfödda, och kommer därmed troligen nära sanningen.

Storstäderna har allt mindre att erbjuda
Höga bostadspriser och även långa köer till bostäderna gör givetvis att storstäderna blir allt mindre attraktiva. Men det är nog inte hela förklaringen. På grund av den allt större delen utlänningar har städerna även blivit allt farligare och otryggare, smutsigare, skrikigare, och mer ghettofierade.

Det är få svenskar som känner sig trygga efter mörkrets inbrott i Stockholm, Göteborg eller Malmö och inget tyder på att det kommer att vända. Istället ser vi en ökning av förnedringsrån, upplopp, bilbränder och annat som man knappast vill ha i närheten av sin familj.

Kan detta kanske förklara varför svenskar lämnar storstäderna, och varför unga svenskar väljer att inte flytta dit?

MAGNUS SÖDERMAN
28 februari 2019

Familjen måste alltid ha företräde

Demografin talar sitt tydliga språk. Europas framtida söner och döttrar föds inte, inte i tillräcklig stor utsträckning i alla fall och definitivt inte i Sverige. År 2000 dog det fler människor i Sverige än vad som föddes. Att detta inte är hållbart borde stå klart för alla. Det finns många problem som kommer av att för få barn föds; ekonomiska såväl som sociala och de är alla allvarliga.

Speciellt allvarligt är det i en tid då kampen om resurserna hårdnar över världen och kommer fortsätta med det i takt med att jordens befolkning ökar. Alla kan inte få allt, men många kommer kräva det i alla fall. Ingen kommer sätta sig ner och dö så att någon annan ska få leva.

Ersättningsmigration

Därför pratar man inom FN om "ersättningsmigration", vilket betyder precis vad låter som. FN konstaterar att under de nästkommande 50 åren kommer Europa såväl som Japan att fortsätta sin negativa spiral när det gäller barnafödande samt att allt fler kommer leva allt längre (vilket skapar ett hårt tryck på välfärden). Lösningen är då, enligt FN, att ersätta de människor som inte föds i Europa med främlingar från exempelvis Afrika (vilka kommer att, år 2050, ha en befolkningsmängd på 2,5 miljarder människor).

Att detta är en plan som man nu följer är tydlig eftersom vi hör samma argument från svenska politiker och diverse tankesmedjor. De hävdar att valet nu står mellan att antingen inte klara av en framtida välfärd, eller att acceptera massinvandring. Här lyser deras materiella grundinställning igenom. Människor, enligt dessa, är inget annat än producenter och konsumenter. Alla är lika, menar man, så två miljoner afrikaner i Sverige är detsamma som två miljoner svenskar, födda och uppväxta i Jämtland, Dalarna och Skåne. Du kan, enligt denna materiella människosyn, jämställa folken rakt av och hävda att ett framtida Sverige med 70 procent afrikaner skulle vara det samma som ett homogent svenskt Sverige. Att det är en villfarelse och utomordentligt dumt borde inte behöva sägas. Men jag gör det i alla fall: det är en lögn.

Sverige av igår kommer inte vara Sverige imorgon om svenskarna blir en absolut minoritet och du kan inte ta en u-landsbefolkning och dumpa en masse i ett i-land och tro att detta i-land kommer fortsätta vara ett i-land. Ett exempel: om du tar en stadsdel, vilken som helst, och ser till att majoriteten av de boende i denna stadsdel är kineser, så kommer stadsdelen att vara, i allt väsentligt, kinesisk, också om den är placerad i New York. Det kan alla som varit i Chinatown i New York skriva under på! Om vi då ökar på det hela och placerar några miljoner kineser samt några miljoner kongoleser i Sverige och i samma veva ser till så att svenskarna utgör tio procent av den totala befolkningen, kommer Sverige att vara Sverige? Svaret är nej.

Ett tomt land kommer att fyllas
Nu till pudelns kärna. Naturen verkar till synes avsky vakuum. Ett område som kan understödja liv kommer myllra av liv. Naturen själv är inte kinkig utan tillåter, i enlighet med den naturliga lagen om att den bäst anpassade överlever, vilken livsform som helst att frodas. Tittar vi på människorna har Sverige varit svenskarnas land sedan landet först befolkades. Vi är vad våra förfäder var och de har genom historien visat sig mest lämpade att överleva här. Dels av rent sociala skäl, men också eftersom vi försvarat vårt territorium. Om man slutar försvara detta territorium så förlorar man det förr eller senare. Det är som det gamla talesättet säger; en nation har alltid en armé, sin egen eller någon annans! Försvaret har till stor del bestått i att vi befolkat territoriet, bildat familjer och fött barn. Jorden har ärvts och nya generationer har brukat den. Att försvara sitt land handlar inte bara om militär styrka. I grund och botten handlar det om att landet är uppfyllt av ett folk. Ingen gränspostering fungerar om den är obemannad och ett försvar utan soldater är meningslöst.

Den logiska konsekvensen av att svenskarna inte föder barn är att andra folk, som faktiskt föder barn, kommer att ta över våra barns arvedel och göra den till sina barns dito. Våld behöver inte ens brukas utan får tiden gå sin gilla gång kommer det folk som slutar föda barn att försvinna. Enligt somliga forskare kommer den sista äkta blonda människan födas runt år 2200 i Finland, sedan är det slut med dem. För inte nog med att vi föder så får barn att vi inte täcker upp dödstalen så pågår alltjämt en rasblandning, vilken slår hårdast mot den vita rasen som idag inte ens utgör tio procent av jordens totala befolkning och där andelen kvinnor som är i åldern att de kan föda barn, eller yngre, ligger under fyra till tre procent. Detta fick kolumnisten Staffan Heimersson att, med glädje kan konstateras, skriva i Aftonbladet är 2000: "Strax kommer vi alla att se ungefär likadana ut. Inte bara i klädsel. Vi får alla också samma hudfärg. Lite mörkare än nu, om vi är vita kaukasier. Lite ljusare, om vi i botten har en afrikansk bakgrund. Lite rundare ögon än nu i öst, lite snedare ögon i väst," och han avslutade det hela med att utropa "att vi alla är på väg att bli kreoler. Härligt!"

I en tid då "mångfalden" sägs vara det eftersträvansvärda kan vi konstatera att mångfald betyder att svenskar i allmänhet och vita i synnerhet måste blandas upp och trängas undan.

Familjen måste prioriteras – alltid

Med ovanstående i åtanke måste den nationella oppositionen ta sig i kragen och ställa upp vissa prioriteringar. Vad är egentligen viktigt? I informationssamhällets tidsålder har vi, berusade av möjligheten att "nå ut" till människor, kommit att fokusera mycket på vad som kallas metapolitik. Vi är inbegripna i ett kulturkrig och efter många år av bittra strider har vi börjat erövra mark från fienden. Det är gott och väl och något vi måste fortsätta med. I detta kulturkrig – som är ett krig med ord – måste vi lyfta de frågor som är absolut viktigast och med dessa som grund fortsätta avancera. Detta har vi till del varit sämre på om vi ser till helheten. Om jag talar utifrån mig själv så känner jag mig inte utpekad eftersom jag faktiskt, och så ofta det är lämpligt, påpekar just detta.

Därför är det frustrerande när jag betraktar andra delar av oppositionen som över huvud taget inte – eller bara pliktskyldigt – berör frågorna. Med det sagt kan jag konstatera att det blivit bättre med tiden. För några år sedan kändes det ibland hopplöst. Men nu ser vi hur alltfler fokuserar alltmer på att skriva och resonera kring viktiga frågor som familj och äktenskap. Detta kommer få effekt så klart, varför vi måste fortsätta med det.

Idag är det viktigaste för en ung man eller kvinna att finna en partner och bilda familj. Detta är den första prioriteringen. Hur kan det ens finnas ensamstående kvinnor och män inom samma nationella organisation? Det borde vara en omöjlighet om prioriteringarna var rätt. Hur kan vi se unga nationella kvinnor, i förhållanden, som inte är gravida? Det är ofattbart och det finns inga ursäkter för det.

IRA-martyren Bobby Sands sa att deras hämnd på fienden skulle komma att vara deras barns skratt (och ja, i de katolska familjerna på Ulster födde man barn, tillräckligt många för att Sands med flera kunde dö för saken med gott samvete). Vilken kommer vår hämnd vara, om någon? Om det ska vara våra barns skratt så måste dessa barn födas först!

Den unga mannen som ännu inte funnit sin kvinna måste fokusera på att göra det, det måste vara vårt budskap. Han måste skapa de bästa förutsättningar som går för att omgående kunna slå ned bopålarna och axla rollen som far och make. Sammalunda för kvinnorna så klart. Detta innebär inte att man måste försaka allt annat deltagande i vårt oppositionella arbete, men kanske betyder det att man ägnar sig åt annat tills det att barnen växt till sig, sådant som går att kombinera med rollen som familjefar. Och det är bättre än alla andra alternativ som står till buds. Detta måste ligga till grund för vårt metapolitiska arbete, detta måste vara själva essensen. För hur det än är och hur desperat situationen än må vara – utan barn, ingen framtid!

Vad är en familj?

Förutom att hela tiden påminna och påpeka att barn och familj är överordnat allt annat måste vi också definiera vad en familj är. Det är en avgörande del av vårt försvar för de traditionella värderingarna och en viktig del i kulturkriget. Familjen utgörs av mannen och kvinnan och (deras) barn. Det är grunden och den enda relation som kan tillåtas kallas för en familj (frånsett möjligtvis en ensamstående förälder och dennes barn). Det finns inga "alternativa familjekonstellationer" och vi kan inte tillåta att urvattna familjebegreppet genom att acceptera nya definitioner som "regnbågsfamilj", "självvald familj" eller "polyfamilj". Dessa är inte och skall inte lyftas fram som "familjer". Tvärtom, vi ska säga ifrån när etablissemanget försöker för fram dylika "alternativ".

Familjen i det nationella samhället

I ett längre perspektiv måste vi också verka för realpolitiska förändringar av familjens status. Därför kan vi redan nu fundera kring hur vi vill se på familjens roll i det fria Sverige som kommer.

Familjen bör först erkännas som juridisk familj av samhället när ett äktenskap mellan mannen och kvinnan har ingåtts. Vill man leva på annat sätt står det en fritt, men då skall man heller inte omfattas av de fördelar som ett äktenskap innebär. Äktenskapen som ingås inför såväl samhälle som "denna församling" har en djupare betydelse än ceremonin i sig själv. Det handlar om att man visar vikten av den relation som bekräftas. Det är stärkande för ett samhälle där själva normen är äktenskapet och ett uppvisande av detta gör det till en förebild för andra. Äktenskapet skall kunna förrättas av något av de godkända samfund som finns, av en godkänd vigselförrättare eller i statlig regi och detta avtal skall vara juridiskt bindande mellan parterna och staten (eftersom att staten skall göra det fördelaktig att både gifta sig och leva som gift). Äktenskapen skall heller inte tas lättvindigt och det är bättre att de tu väntar tills de är säkra än att vartannat äktenskap slutar i skilsmässa, vilket är fallet idag.

Det kan uppstå situationer där skilsmässa är enda alternativet men jag anser att det inte bör vara gjort i en handvändning. Precis som att själva bröllopet bör föregås av en längre förlovning måste skilsmässan få ta tid och insatser bör göras för att makarna ska ha en möjlighet att komma tillrätta med problemen. En skilsmässa – och en splittrad familj – måste alltid ses som ett misslyckande, även när det är det enda alternativet.

Vad menar jag då när jag skriver att staten har en del i avtalet med brudparet? Jag ser det som så, att staten, med insikten om att samhällets ryggrad är familjen, måste göra det fördelaktigt för medborgarna att gifta sig och skaffa barn – att bilda familj. De som tar detta steg måste premieras. I och med att staten gör detta investerar samhället i familjerna. Ett alternativ är att återinföra sambeskattningen för gifta, något som kan ha positiv effekt. Vidare kan man erbjuda räntefria huslån till nybildade familjer och sedan skriva av en femtedel för varje barn som föds, så att man är både skuldfri och äger sitt hem när det femte barnet föds. Detta är bara två tankar och vill man så finns det naturligtvis många sätt för en stat att motivera sina medborgare att gifta sig och bilda familj.

Det är ju nästan skrattretande att man idag hävdar behovet av invandrare från jordens alla hörn med motiveringen att det föds för få barn, samtidigt som man inte gör ett dugg för att den egna befolkningen ska vilja skaffa barn eller gifta sig. Visst verkar det finnas en eller annan hund begraven här? En återgång till ett traditionellt tänkande i familjefrågan är nödvändigt; för organisationer och partier som säger sig tillhöra oppositionen så väl som för enskilda. Därtill måste vi långsiktigt påverka folk i gemen till att återfå den sunda och naturliga inställningen till familjen och påvisa realpolitiska idéer om hur det kan komma att se ut om vi får folkets förtroende.

JALLE HORN
28 februari 2019

Nordens litteratur – en viktig del av Europas kulturhistoria

Hur står sig egentligen skönlitteraturen i Norden genom tiderna i jämförelse med Europas övriga litteratur? Norden ligger i Europas periferi och har alltid haft en liten befolkning. Bortsett från vikingarnas företag och svensk inblandning i 30-åriga kriget har de nordiska länderna spelat en marginell roll i Europas historia. Kulturellt sett är det de nordiska länderna som har influerats av kulturrörelserna på kontinenten än tvärtom. Likväl visar en granskning att nordisk litteratur är mycket bra och en viktig del av Europas kulturhistoria.

Hur ska man bedöma den nordiska litteraturen? Är den blott en svag återglans av den stora europeiska litteraturen? Ligger Stagnelius, J.P. Jacobsen och Ibsen helt i skuggan av giganter som Dante, Shakespeare och Goethe? Eller har nordisk litteratur både ett egenvärde och har den en viktig plats inom inom Europas kultur? Har den rent av utövat visst inflytande på utländska författare?

Svaret på den första delen av frågan är ett rungande ja. Den nordiska litteraturen har ett stort egenvärde och en självklar plats när det gäller Europas kulturhistoria. När det gäller inflytande är det däremot ringa, vilket har sina skäl. Låt oss se.

Ser vi på hela Europa och inte bara de stora kulturländerna finner vi att de nordiska länderna är klart speciella. Bortsett från Ryssland äger de östeuropeiska länderna knappt någon litteratur förrän efter 1500-talet, vissa av dem först i och med de nationella rörelserna på 1800-talet. Även små västeuropeiska länder/områden/folk, såsom Nederländerna och Portugal, står sig slätt jämfört med vad som produceras i Norden.

I Norden finns en mycket rikhaltig litteratur under hela medeltiden, skrivet på folkspråken (d.v.s. inte latin som var det lärda språket). Det allra mesta är nedskrivet på Island från 1100-talet och framåt, och det är främst islänningar som har skapat egna framstående genrer. Fast Eddans berättelser och myter samt fornaldersagor som Hervararsagan och Völsungasagan speglar onekligen stoff som varit i omlopp i hela Norden ända sedan medeltidens gryning.

Den poetiska Eddan är här mycket intressant, ty de germanska myterna om gudar, jättar och Yggdrasil finns i genuin mening bara bevarade här uppe i norr (den andra stora källan är islänningen Snorre Sturlasons skrifter). De germanska områdena i Tyskland, Nederländerna och England dominerades tidigt av den kristna kulturen; där finns inga hedniska gudaberättelser bevarade i dikter och berättelser. De germanska folkens "ursprungskultur" har alltså bevarats på nordisk mark.

På tysk och engelsk mark skrevs under tidig medeltid en del på folkspråken, dikter och berättelser som skildrar historiska händelser, sagolika hjältar och diverse öden. Mest känd är det engelska eposet Beowulf om den skandinaviske hjälten Beowulf som besegrar monstret Grendel och en eldsprutande drake. Men i Eddans dikter förekommer flera hjältar, inte minst den främste av alla: Sigurd Fafnesbane, och hjältarna sätts in i sitt mytiska perspektiv med förgreningar till gudarna.

Sagorna kring Sigurd Fafnesbane skildras även i det tyska eposet Nibelungensången från 1200-talet. Men den okände författaren har använt de gamla sagorna – kanske har han hört dem av nordiska besökare – och lagt in dem i högmedeltida dräkt; handlingen är ursprungligt germansk, men ramen och stilen följer riddarkulturens berättelser och ideal. I Eddan återges hjälteberättelserna mycket mer genuint, med de gamla germanska versmåtten och med en kärvare kulturell ram. Dikter levde kvar muntligt i flera århundraden – de lär ha tillkommit mellan 700-talet till 1100-talet – tills de skrevs ner på Island. Den äldsta bevarade handskriften är från 1200-talet.

Islänningarna skrev ofattbart mycket litteratur. Det mesta gav de namnet saga, d.v.s. något sagt, berättat. Tack vare de isländska sagorna om nordiska folk, kungar, släkter och personer finns många bevarade dikter på högstämt, konstfärdigt språk bevarat, främst av norrmän och islänningar; dikterna är invävda i sagornas handlingar. Men de isländska sagorna är i sig själva högst märkvärdig litteratur. De uppvärderades först på 1900-talet till stor världslitteratur men var förstås redan när det begav sig av högsta kvalitet.

Med sin lite kärva, objektiva stil, där berättaren återberättar handlingen rakt på sak utan en massa retoriska krusiduller och där personerna kommer till uttryck genom sina utsagor och handlingar snarare än författarens värderingar bildar de isländska sagorna en unik genre inom medeltidens litteratur. Högst värderade är släktsagorna (av anonyma författare), t.ex. Njals saga och Egil Skallagrimssons saga. Bland historiska arbeten är Snorre Sturlasons – Nordens största geni på den tiden – Heimskringla främst. Fornaldersagorna (också dem av anonyma författare) återberättar gamla legender, t.ex. om Sigurd Fafnesbane i Völsungasagan. Mycket speciell är också Snorres bok Eddan, som brukar kallas Snorres edda. Där går han igenom nordbornas gudavärld och poetiska stil genom snillrikt berättande och hundra dikter på olika versmått.

Genom den isländska litteraturen placerar sig Norden som en betydande del av den litterära kartan under medeltiden. Man får aldrig glömma att islänningarna bara var en folkspillra i jämförelse med folken och staterna på kontinenten, så bragden är mycket speciell. Men p.g.a. det perifera läget påverkade deras litteratur inte författare på kontinenten och därför har den alltid stått i skymundan av provensaltrubadurerna, Chretien de Troyes, Dante, Chaucer m.fl.

På svenska och danska finns det från äldre tid i stort sett inget bevarat. Vi får tacka islänningarna för deras flit med pennan. Ett undantag här är alla svenska och danska runstenar, varav några har stor poesi inristad. Jämförbar med islänningarna är också 1200-talsdansken Saxo Grammaticus danska krönika, Gesta Danorum, skriven på latin. Här finns i frodighet alla möjliga berättelser och myter från Norden. Mest känd är kanske den om prinsen Hamlet.

På svenska värderas också en krönika högt, Erikskrönikan från 1300-talet (på svenska). Det ska dock sägas att krönikeformen var en vanlig berättelseform under hela medeltiden, så det är inga unika skapelser. Bredvid krönikorna och den isländska litteraturen räknas annars de medeltida balladerna mycket högt i Norden. Det är korta ödesdigra berättelser på vers, som man ibland dansade till. Troligtvis kom den sortens dikt från kontinenten, men just i Norden finns det ovanligt många, av mycket hög kvalitet, bevarade.

Medeltiden kan man således kalla en litterärt högtstående period i Norden. Den nordiska litteraturen bildar en egenart av den litteratur som skrevs i Västeuropa och måste räknas som lika viktig och intressant som kontinentens – även om förstås Dante stod i en klass för sig, men vem i världslitteraturen kan mäta sig med honom.

Under renässansen och dess utlöpare barocken, rokokon och franskklassicismen, alltifrån 1300-talets Italien till 1700-talets Frankrike, ligger däremot nordborna i lä litterärt sett. Även om det finns flera intressanta poeter kan det som skapas inte jämföras med storheten hos Petrarca, Boccaccio, Tasso, de Vega, Cervantes, Shakespeare, Milton, Gryphius, Ronsard, Molière m.fl. Nästan! Den norske dansken Ludvig Holberg, född i Bergen men boende i Köpenhamn hela sitt vuxna liv, kallad den gudomlige norrbaggen av Thomas Thorild, skriver under 1700-talets första hälft en mängd komedier av högsta kvalitet. Han är under sitt liv en av Europas främsta författare.

En diktare som Carl Michael Bellman är förvisso något av ett unikum i europeisk litteratur under hans tid i slutet av 1700-talet. Men bortsett från Holberg är det först med romantikens diktare i början av 1800-talet som nordborna skapar litteratur jämbördig med övriga europeiska författare. Under den perioden slår intresset för folkens ursprung igenom i Europa. Engelska och tyska poeter får nu upp ögonen för nordiska "ursprungliga" texter som Eddan, vilka de inspireras av.

P.g.a. att de nordiska språken är små och obetydliga i en europeisk kontext påverkar dock samtidens nordiska poeter knappast kontinentens författare. Men ett verk som Esaias Tegnérs epos Frithofs saga blir oerhört populärt i bl.a. Tyskland (i översättning). Just vikingarnas värld och deras gamla litteratur blir nordbornas signum. Danskarnas största poet då, Adam Oehlenschläger, författar flera verk med sådant tema. Han är klart jämförbar med Europas övriga poeter då. Det gäller kanske än mer Erik Johan Stagnelius, som säkert hade räknats till Europas stora poeter om inte svenskan hade varit ett så perifert språk och han varit så okänd i sitt eget land.

I den romantiska erans kölvatten fr.o.m. 1830-talet tillkommer också en nordisk författare och ett nordiskt verk som kommer att slå världen med häpnad och bli världsberömda. H.C. Andersen brukar kallas världens mest spridda och översatta författare efter Bibeln (med dess olika författare). Andersen skrev inom flera genrer men det är förstås hans sagor alla känner till. Och de har påverkat många stora författare, inte bara barn. Det är nämligen inte bara finurliga berättelser han tänkte ut, han skrev dem på ett vidunderligt sätt; stilen är exceptionellt fängslande genom sitt tonfall och allehanda detaljer.

Nu föds även ett annat folks litteratur; ingen hade tidigare skrivit litteratur på finska utan bara berättat muntligt, men nu var det dags. På 1830- och 40-talet ger finnen Elias Lönnrot ut ett verk (andra utgåvan 1848 är betydligt utökad) efter att ha åkt runt i framför allt finska Karelen och samlat material. Efter att ha sammanfogat de insamlade dikterna har han skapat det finska folkets nationalepos Kalevala. Resultatet är vidunderligt med de fantastiska berättelserna, den underbara humorn och den lysande poesin. Det finns få jämförbara verk i världshistorien.

Under mitten av 1800-talet står sig annars den nordiska litteraturen slätt i jämförelse med de stora författarna från Ryssland, Frankrike och England. Men snart slår det till rejält. Framför allt är det norrmannen Henrik Ibsen som regerar på Europas teatrar mot slutet av 1800-talet. Efter H.C. Andersen är han den mest kända nordiska författaren genom tiderna. Det beror på att hans dramer slog an på samtiden med sina slående och utmanande teman. Men det gjorde dem genom att de var oerhört välskrivna och laddade ner till minsta stavelse. Sättet Ibsen bygger upp sina dramer brukar jämföras med schweiziska urverk – så precisa det bara går, varje ord leder dramat obönhörligt framåt mot en katastrof.

Hans rival om teaterpubliken kom från Stockholm. Ibsen hade rent av ett porträtt av August Strindberg framför sitt arbetsbord, för att sporra honom och som en påminnelse om genial galenskap. Strindberg rönte långtifrån samma succé som Ibsen, men han spelades på de stora teatrarna i Europa, och inte minst påverkade han nog andra europeiska författare mer än Ibsen genom en rätt nydanande teaterkonst i pjäser som Till Damaskus, Ett drömspel och Spöksonaten. I Sverige sporrade han i sin tur en mängd lysande författare till att åstadkomma stor litteratur, däribland Verner von Heidenstam, Gustaf Fröding och Selma Lagerlöf, varav den sistnämnda gjorde otrolig succé i många länder.

I både Danmark och Norge finns också flera författare i slutet av 1800-ta.et och början av 1900-talet som är en viktig del av litteraturhistorien, t.ex. J.P. Jacobsen, Jonas Lie m.fl. Än mer utmärkande är nog norrmannen Knut Hamsun, vars romaner lästes i hela Europa p.g.a. en lysande berättarkonst och teman som skarpsinnigt gestaltade brytningen mellan den gamla och den moderna tiden. Under 1800-talet och det tidiga 1900-talet sätter nordisk litteratur således djupa spår i europeisk litteratur. De nordiska författarna sätter kanske inte agendan för vad och hur man ska skriva, men många av dem syns tydligt och delar de högsta platserna på Europas parnass då.

Under 1900-talet är den nordiska litteraturen återigen rätt perifer och kan knappast jämföras med de stora europeiska namnen. Vissa säger att om bara en Gunnar Ekelöf hade skrivit på franska … så hade han räknats till de största. Eller Edith Södergran om hon skrivit på tyska… En nordisk författare kan dock sägas låta 1900-talsljuset falla på Norden mer än andra, nämligen Karen Blixen, vars berättelser kan mätas med det bästa av Europas litteratur under förra seklet.

Slutsatsen är ganska självklar när det gäller synen på nordisk litteratur i förhållande till andra europeiska skapelser. P.g.a. det perifera läget med liten befolkning och små språk har nordiska författare inte i nämnvärd grad påverkat kollegorna på kontinenten. Men de sticker med jämna mellanrum ut på ett vidunderligt sätt och utgör genom sin särskilda skildring av de germanska folken, sin originalitet och sin stora kvalitet en alldeles särskild plats inom europeisk litteratur.

Skål för Nordens stora skalder!

JOHAN SVENSSON
29 februari 2019

Svenska folkets förunderliga klädvanor

Vad har hänt med svenskens självrespekt? Varför äger inte alla män en kostym? Johan Svensson begär vänligt men bestämt om en allmän uppryckning. För en kostym behöver varken vara dyr eller obekväm, och det höjer den viktiga optiken. Du vill väl vara karl för din hatt?

Som folk har vi helt förlorat förmågan att klä oss. Förr i tiden var man "karl för sin hatt" och nästan var man gick klädd i kostym. Någonstans längs med vägen (det var väl 68-vänstern det också) kastades förmågan att klä sig på historiens soptipp och ansågs reaktionärt. Jeans och t-shirt och ett par gympadojor och vips var du klar att gå till arbetet, till restaurangen, till föreningsmötet och så vidare.

Hur har vi gått från att lägga stor vikt vid att vara hel, ren och korrekt klädd till att tycka att det är fjantigt att bry sig om hur man ser ut? Förr i tiden var du inte mindre av en karl för att du var välklädd medan du idag kan betraktas som suspekt om du klär dig allt för väl. Faktum är att förmågan att klä sig var en integrerad del av att vara en riktig man och du kunde ses ner på om du var sjavig eller fel klädd för tillfället. Fel klädd för tillfället betyder idag i regel att du är "överklädd" (vilket ju är ett helt idiotiskt ord när man tänker på det). Jag menar att vi måste vägra detta infantila påfund att vara bekvämt och slappt klädda vid alla tillfällen och återta en klassisk, strikt manlighet. Mysbyxor och jeans kan du ha hemma. Nu för tiden är det "casual friday" varje dag och vi klär inte upp oss för att träffas längre och det är faktiskt lite tråkigt. När du träffar andra, till exempel i Svenskarnas Hus, tycker jag att det hör till hyfs, sunt förnuft och goda värderingar att du klär dig anständigt.

Jag har funderat på detta ett tag och vill faktiskt tacka Magnus Söderman på Det Fria Sverige och Svegot för att han tog upp ämnet i en poddsändning. Jag minns inte om det var i Motgift, eller när Motgift gästade Vita Pillret eller om det kan ha varit i Svegot, men diskussionen rörde i alla fall Svenskarnas hus. Magnus påtalade att det inte skulle finnas någon klädkod men att man kunde förvänta sig att folk dök upp anständigt klädda. Jag parafraserar men tror att jag kommer ganska nära sanningen fritt ur minnet: "Förr i tiden klädde vi oss för att gå till kyrkan, men det har vi förlorat. Vi måste lära folk det här igen vad det lider". Jag kan bara hålla med och tycker gott att vissa tillställningar i Svenskarnas hus kunde ha en klädkod. Det handlar inte om att man ska vara prålig utan om att visa en ömsesidig respekt för varandra. Sedan får vi inte glömma att kläder är kommunikation. Ett Svenskarnas hus fullt av folk i armybrallor och luvtröjor säger en sak. Ett Svenskarnas hus fullt av män i kavaj och nystruken skjorta och kvinnor i klänning eller kjol säger en annan. Om det inte är en fråga om självrespekt (vilket det är) är det en fråga om respekt för andra och optik. Här kommer de där jäkla högerextremisterna i sina… välsittande kostymer?

Det senaste bedrövliga exemplet jag kommer att tänka på var när jag och min kvinna gick på operan för att se Wagner. Fem timmar klassisk opera med fördrink och två pauser; då är det klart att man vill se proper ut. K sminkade sig, fixade håret och satte på sig en fin klänning. Jag rakade mig och satte på en kostym. Det var bara att konstatera att vi kände oss som fullständiga anakronismer. Folk var klädda i jeans, gympadojor och t-shirt och såg lika sjaskiga ut som vanligt. Det var den festliga stämningen det…

Att kostym skulle vara dyrt, obekvämt och komplicerat vill jag helt enkelt bara avfärda. För det första finns det inget som säger att en kostym måste vara dyr. Om du köper en ny behöver det inte vara det dyraste märket. Passa på när det är rea om du vill köpa en ny. Själv gillar jag att handla begagnat, eller "vintage" som det tydligen heter nu för tiden. Ett av mina bästa köp någonsin var en Oscar Jacobsson-kostym som jag hittade på en vintagebutik för en spottstyver. Den var i princip oanvänd och jag köpte den för cirka en åttondel av nypriset. I samma butik hittade jag ett par lågskor i skinn av märket Church's. Skor från Church's kostar en sisådär sex- till åttatusen kronor. Dessa köpte jag för ett par hundra. Jag tog dem till en skomakare som sydde ihop den spruckna sulan, limmade på en ny slitsula och polerade upp dem. Som nya och redo att användas ännu en livstid. Givetvis finns det hur många fynd som helst att göra på internet om du skulle bo på en ort utan en begagnatbutik.

Att det är obekvämt att ha på sig kostym är en vanesak. Den enda gången det kan vara obekvämt är om den sitter illa; med andra ord för liten eller för stor. Här är skräddaren din vän. Han kan lägga ut den, korta ärmar, lägga ut midjan, korta längden och så vidare. Kom ihåg vad som sägs om den klassiska gentlemannen: han låter sig bara röras av sin fru, sin läkare och sin skräddare.

En kostym är inte mycket värd om den inte sitter bra. Jag minns en ganska så högt uppsatt chef på ett av mina första arbeten. Han var rolig, snäll, uppskattad och hade alltid kostym på sig och hans kostymer var alltid två nummer för stora. Fråga mig inte varför. Byxorna bylsade sig på skorna, ärmarna hängde halvvägs ner på tummen och det fanns plats för en till chef till i kavajen. Om du köper en kostym som inte passar är som att snubbla på brallan innan mållinjen.

Att det skulle vara komplicerat eller på något sätt bökigt med kostym stämmer helt enkelt inte. Det omvända är sant. Kostym är busenkelt. När du väl har köpt den och kollat så att den passar är det bara att dra på byxor, skjorta och kavaj så är du klar. Det är så nära en uniform du kan komma. En enklare samling kläder finns inte. Om du dessutom kommer till en tillställning där alla är likadant uniformt klädda känner du dig än mer bekväm förstås och den samlade bilden blir jäkligt snygg. Optik, som sagt.

"Men jag kan inte knyta en slips". Om jag hade fått en krona för varje gång jag knutit en slips åt en fullvuxen karl skulle jag säkert ha femtio spänn. Här måste jag säga att jag faktiskt inte förstår problemet. Det finns massvis med videos på Youtube om hur du knyter en slips och det är bara att öva. Är du normalbegåvad så löser du det på tio minuter om du aldrig har gjort det förut. Tänk dessutom så här: vill du att din son inte ska kunna få hjälp av sin egen far att knyta sin första slips?

Det jag kan hålla med om är att sommaren är en jobbig period att klä sig traditionellt, i alla fall om man i likhet med mig är väldigt varm av sig. Varför ska folk envisas med att gifta sig på sommaren? En sommardag är väl det sista tillfället jag känner för att sätta på mig en kostym. Dessbättre äger jag även en sval linnekostym (rekommenderas). Denna köpte jag i desperation inför en väns sommarbröllop i Serbien. Det visade sig vara en bra investering – det var 35 grader dagen de gifte sig. Dessbättre fanns det floder av serbisk öl att svalka sig med. Brudens farmor trugade i mig hembränt i sådana mängder att brudgummen fick komma till min undsättning och förklara att vi svenskar inte var gjorda för sådan värme och att jag skulle hamna under bordet om hon fortsatte komma med slivovice åt mig. Hon skakade sorgset på huvudet och hämtade iskall öl. Men så fort solen gick ner kom hon leende som en ängel med en flaska hembränt och ett litet glas. "Du har mycket att hämta igen", översatte en vänlig släkting åt mig. Det blev en lång och fartfylld kväll. Tacka gudarna för att den fanns serbisk folkdans jag kunde fly in i för att komma undan tanten och hennes raketbränsle.

Sedan tycker jag inte att man alltid behöver ha just kostym på sig. Jag tycker dock att det är ett bekvämt val för det krävs inte så mycket tankeverksamhet för det. Byxor som matchar kavaj, skjorta till det så är du klar och på väg ut genom dörren. Om man tycker att det skulle vara för mycket med kostym (fast jag vill hävda att det egentligen alltid är rätt) kan man förstås köra udda byxor (till exempel chinos), skjorta och kavaj och skippa slipsen om man vet att andra också kommer att skippa det. Är det en informell bjudning kan jag till och med tänka mig att ta ett par schyssta gympadojjor (jag vägrar att kalla det för sneakers) till det. Men om du är osäker vill jag mena att kostym alltid är ett säkert kort och då krånglar du heller inte till det i onödan.

Innan ni skäller mig för snobb vill jag bara säga att alternativet inte är speciellt lockande. Om vi ska vara en traditionell kraft får vi väl åtminstone se ut som det? Igen: jag säger inte att du ska köpa en massa dyra kläder och jag säger inte att du ska vara ytlig. Vad jag däremot säger är att du ska återerövra en traditionellt manlig dygd, för det är en dygd att vara karl för sina kläder och att kunna klä sig med förnuft. Lika lite som jag skulle klä mig i kostym när jag ska ut och pürscha rådjur, lika lite skulle jag få för mig att komma på en social sammankomst i jaktkläder. För mina kära kvinnliga läsare: ni ligger i regel en bra bit före männen. Jag kan heller inte direkt ge er några handfasta tips, men mycket av det jag vill uppmana män till gäller förstås även för er: vi kan klä oss bekvämt där hemma men när vi träffas bör vi faktiskt klä upp oss lite grann. Inte för att skryta men för att visa varandra ett minimum av respekt.

Om något av det jag har skrivit har varit inspirerande eller om du vill veta mer kan jag rekommendera boken "Gentlemannen: Handbok i det klassiska herrmodet" av Bernhard Roetzel. Jag har haft den boken i kanske tjugo år och den har varit en stor hjälp på vägen. En snabb internetsökning ger vid handen att den finns i mängder som begagnatexemplar. Här har du allt du kan tänkas behöva veta om kläder för män på ett och samma ställe, rikligt illustrerat.

Vi ses i Svenskarnas hus och ute på andra konferenser och sammankomster. Jag kan hjälpa dig med slipsen om du inte hunnit med att lära dig knyta den.

Om Svegot

Svegot är en tankesmedja som ägs och drivs den ideella föreningen
SVEGOT-DFS. Syftet med Svegot är att bredda det svenska medielandskapet och
samtidigt lyfta frågor som är viktiga för föreningen, och arbeta för att driva opini-
onen i en riktning som mer påminner om föreningens idéer.

- Vår ledarsidas politiska hållning är frihetligt nationalistisk.
- Förutom att publicera nyheter, artiklar, kommentarer, analyser och krönikor i
  textformat publicerar vi även podcasts, sänder direktsänd nätradio och publi-
  cerar filmklipp.
- Allt överskott från Svegots arbete går direkt in i den ideella föreningen för att
  stärka upp dess arbete och hjälpa föreningen att snabbare nå sina mål.
- Åsikter som publiceras på Svegot behöver inte nödvändigtvis stämma överens
  med föreningens officiella ställningstaganden, eller alla våra medlemmars
  åsikter. För officiella uttalanden från föreningen, besök föreningens hemsida.

Stöd vårt arbete – bli prenumerant

Mycket av materialet på svegot.se kan du ta del av kostnadsfritt. Men för att
driva verksamheten krävs ekonomi och denna får vi genom prenumerationer. Om
du köpt denna bok separat så kan du teckna en prenumeration som dels ger dig
tillgång till allt plusmaterial på Svegot, samt att du får framtida utgåvor av vår
månadsbok direkt hem i brevlådan. Gå in på svegot.se och teckna din prenumera-
tion redan idag.

svegot.se

Om Det fria Sverige

- Det fria Sverige är en intresseförening för svenskarna, den svenska kulturen och den svenska särarten. Föreningen vilar på traditionell grund och är frihetligt nationell. Föreningen styrs genom sina aktiva medlemmar på demokratiskt vis.
- Det fria Sverige är en ideell och samhällsnyttig förening som står upp för lag och ordning, mot pöbelvälde och ofrihet. Föreningen står upp för individens frihet, under ansvar för den gemenskap som friheten är beroende av.
- Det fria Sverige är en partipolitiskt obunden förening. Förvisso är vi traditionella nationalister, men detta transcenderar realpolitiska ställningstagande och den klassiska höger-vänster-skalan. Den som delar vår vision och står bakom våra stadgar är välkommen.
- Det fria Sverige icke-konfessionell. Var och en i föreningen har rätt till sin egen tro, eller avsaknad av tro. Det vi kräver av varje medlem är dock att de respekterar varandra och de olika trosföreställningar som våra förfäder tagit till sig genom historien.
- Det fria Sverige bygger på principen om organisering underifrån och det är medlemmarnas egna ansvar att förverkliga visionen vi delar med varandra, inom det ramverk som föreningen beslutat om.
- Det fria Sverige driver opinion för svenskarna; bevakar den politiska och samhälleliga utvecklingen ur ett traditionellt nationellt perspektiv och arbetar såväl metapolitiskt, socialt som realpolitiskt. Detta arbete sker kontinuerligt.
- Det fria Sverige har framtiden för ögonen och arbetar idag för att lägga grunden som framtida generationer kan bygga vidare på. Vi har ett generationsperspektiv på vår verksamhet.

detfriasverige.se